Still, still, still

Ingrid Pernkopf & Johannes Sachslehner

Still, still, still

Weihnachten wie damals

Geschichten, Brauchtum und Rezepte
rund um die schönste Zeit des Jahres

Mit Fotografien von Kathrin Gollackner und
Foodstyling von Bernadette Wörndl

Styria
VERLAG

Die vierte Kerze brennt

Wir haben fleißig beim Backen geholfen und im Geheimen die kostbarsten Schätze stibitzt. Abends haben wir bei Oma in der Stube gesessen, um ihren Weihnachtsgeschichten zu lauschen – und an einem besonderen Morgen mit Opa durch den Winterwald gestapft, auf der Suche nach dem schönsten Christbaum.

Jetzt ist alles Erwartung. Unsere plattgedrückten Nasen kleben an den kalten Scheiben. Ist da nicht das Christkind vorbeigeflogen?

Und dann ist er da, der große Moment: Das Glöckchen läutet und die stille Nacht beginnt …

Noch wissen wir es nicht – wir werden uns nach dieser Zeit ein Leben lang sehnen.

Inhaltsverzeichnis

Geschichten und Brauchtum

Rezepte

JOSEF WEINHEBER

DAS LICHT

Licht von dem fernen Hang,
blinkst überm blauen Schnee.
Wandrer auf spätem Gang
schaut nach der Sternenhöh.

Mein Gott, denkt er, zu Haus,
Stube und Mutterwort.
Wer tat die Kerzen aus,
wer nahm die Lampe fort?

Tröstliches Strahlenrund,
wehrend der Menschennacht!
Zag und vom Wiesengrund
hast du dich hergemacht,

bist jetzt im Garten schon,
blakender Windlichtschein.
Falter mit feinem Ton
streifen dich flügelnd ein,

drunten im Keller hängt
Vater den Leuchter ans Faß,
eh er den Krug vollschenkt –
O wie lang her ist das!

Lang auch, ihr Lichterlein
früh an dem Elterngrab,
branntet mit Zähren klein
zur teuern Erd hinab.

Länger noch, länger, da
knistern die Kerzen am Baum.
Wie es dem Kinde geschah:
Ewig der Weihnachtstraum!

Fort und verweht das Licht.
Abendweg, schwer und weit.
Süßestes Angesicht,
leucht in der Dunkelheit!

Linzer Augen

140 g kühle Butter

200 g glattes Weizen- oder feines Dinkelmehl

100 g Feinkristall-, Gelb- oder fein gesiebter Puderzucker

20 g Vanillezucker

Prise Salz

Ca. 100 g Johannisbeer- oder Preiselbeergelee bzw. -marmelade zum Bestreichen

Nach Belieben Puderzucker zum Bestreuen oder Schokoladeglasur zum Verzieren

1. Für den Teig die kühle Butter in kleine Stückchen schneiden und mit Mehl, Zucker, Vanillezucker sowie einer Prise Salz in einer Schüssel oder auf einer Arbeitsfläche mit den Händen vermischen und rasch zu einem Teig kneten.

2. Nur bei Bedarf mit Frischhaltefolie abgedeckt im Kühlschrank 1–2 Stunden rasten lassen.

3. Den Backofen auf 165–175 °C Heißluft vorheizen.

4. Auf einer leicht bemehlten Arbeitsfläche oder zwischen zwei Backmatten mit einem Rollholz ca. 2 mm dick gleichmäßig ausrollen.

5. Den Teig vor dem Ausstechen (am besten mit einer dünnen Palette oder Winkelpalette) von der Arbeitsfläche lösen. Scheiben mit 2–3 cm Durchmesser ausstechen und bei der Hälfte der Kekse in der Mitte ein kleines Loch ausstechen.

6. Kekse auf ein vorbereitetes Backblech setzen.

7. Im vorgeheizten Backofen ca. 8–10 Min. hellbraun backen. Noch heiß vom Blech lösen und etwas überkühlt die Kekse ohne Loch auf einer Seite mit Marmelade bestreichen. Kekse mit Loch daraufsetzen und nach Belieben mit Puderzucker bestreuen oder mit etwas Schokoladeglasur verzieren.

8. Gut ausgekühlt in Dosen schichten und lagern.

Den Teig zusätzlich mit Orangen- oder Zitronenschale aromatisieren oder einen Teil des Zuckers durch Orangen- bzw. Zitronenzucker ersetzen.

Als das Christkind noch
der Nikolaus war …

Weihnachten, im heutigen Verständnis das Geburtsfest Jesu Christi, ist eines der ältesten Feste des christlich-abendländischen Kulturkreises und wird von der römisch-katholischen Kirche seit der Mitte des 4. Jahrhunderts am 25. Dezember begangen. Ursprünglich kannte man für diese Jahreszeit nur das aus Ägypten in die Kirche Roms gelangte Fest der Epiphanie, der Erscheinung des Herrn, das am 6. Jänner gefeiert wurde. Mit der taktisch gut überlegten Installierung eines spezifischen Geburtsfestes zum symbolträchtigen Dezembertermin gelang es der Kirche, allmählich alte „heidnische" Positionen zu „erobern" – feierten doch die germanischen Völker in der Zeit vom 25. Dezember bis 6. Jänner das Fest der Wintersonnenwende, das Ende des 19. Jahrhunderts als „Julfest" in deutschvölkischen Kreisen zu neuen Ehren gelangen sollte, und war der 25. Dezember im spätantiken Rom doch auch der Stiftungstag des Deus Sol invictus, des unbesiegten Sonnengotts – eines Kults, den Kaiser Aurelianus (214–275) eingeführt hatte. Und es war die Zeit der Saturnalien, jenes ausgelassenen und fröhlichen Fests, das den Unterschied zwischen Herren und Sklaven aufhob und damit an paradiesische Zustände eines längst vergangenen „Goldenen Zeitalters" erinnerte. Am 25. Dezember feierte man auch die Geburt des einst an der Donau populären vorderasiatischen Lichtgottes Mithras und schon die alten Ägypter hatten auf diesen Tag die Geburt des Gottes Horus gelegt.

Das neue christliche Weihnachtsfest traf – so klar und überzeugend es auch seine Botschaft formulierte – auf eine uralte „Brauchtumswelt", die so einfach nicht zu beseitigen war, ja, manche „heidnischen" Rituale, manche „abergläubischen Praktiken" – man denke an das Stubenauskehren und die Opfergaben für die Frau Percht, an die zahllosen Orakelspiele oder an das Belauschen der Tiere in der Christnacht – lebten in der Bevölkerung fort und konnten auch durch angestrengte Bemühungen nicht beseitigt werden. Weihnachtsevangelium und vorchristliche Kultelemente gingen eine Symbiose ein, die dem Fest seinen unverwechselbaren „mystischen" Reiz verlieh – bis heute ist in der immer wieder beschworenen „Weihnachtsstimmung" ein Rest dieses besonderen Flairs spürbar.

Die Besinnung auf vorchristliche Traditionen führte unter anderem auch dazu, dass deutschtümelnde Weihnachtshistoriker in ihrer Begeisterung für das Julfest – man malte sich Szenen von wagnerschen Dimensionen mit Trinkgelagen und pathetischen „Julfestschwüren" aus – den Begriff „Weihnachten" von den alten Germanen herleiten zu können glaubten: Wihinechti hieß das Kunstprodukt ihrer etymologischen Versuche. Tatsächlich entstand das Wort „Weihnachten" erst um 1300 aus mhd. diu wihe naht (ahd. wih = „heilig") bzw. aus der Dativform ze wihen naht, was nichts anderes als „heilige Nacht" bedeutete. Durch Zusammenziehung dieser Worte bildete sich zunächst das Pluralwort wihenachten, im 14. Jahrhundert kam schließlich auch der singularische Gebrauch „Weihnacht" in Mode.

Zum Weihnachtsfest im Mittelalter schweigen zwar die Quellen, doch ist anzunehmen, dass bereits damals die Christmette im Mittelpunkt der religiösen Feiern stand und auch Krippendarstellungen eine große Rolle spielten; eine hübsche Anekdote aus der Babenbergerzeit erzählt Jans Enenkel in seinem Fürstenbuch von Österreich und Steyerland, und zwar berichtet er über den Einzug Herzog Leopolds VI., des Glorreichen, ins weihnachtliche Wien, der von den Bürgern mit allerlei Geschenken empfangen wird:

… die fleischhaker chamen zu hant
und fürten an seil und an pant
dreizzich rinder oder mer
darzu warn sie nicht zu ler
sie sprachen herre guet
rain und wolgemuet
dicz weisad sult ir enpfahen
iz sol ew nicht versmahen
do prachten im die pecchken
chiphenn (Kipferl) und weizze flechen
weisser dann ein hermelein …

Vom Schenken

Noch gab es keine „Bescherung" großen Stils und schon gar kein „Christkind", doch war das Überreichen kleiner „Christ-Geschenke" zu Weihnachten im Mittelalter vermutlich nicht unbekannt – stand man damit doch in einer Tradition, die bis zu den „Saturnal-Geschenken" (apophoreta) der alten Römer zurückreichte. Das Schenken und Beschenktwerden – eine Grundfigur menschlichen Sozialverhaltens – im Dezember war seit der Antike üblich, was sich mit Beginn der frühen Neuzeit änderte, war die Ausgestaltung der weihnachtlichen Schenkrituale. Vor allem in den protestantischen Gesellschaften des 16. und 17. Jahrhunderts, die mit dem alten „Aberglauben" der Katholiken nichts mehr zu tun haben wollten, zeigte sich immer deutlicher die Tendenz hin zu einem Familienfest neuen Stils, in dessen Mittelpunkt die Kinder des Hauses rückten: Sie wurden beschenkt wie eh und je – allerdings: Sie schenkten selbst nichts mehr, denn die Geschenke kamen nun nicht mehr von den Eltern, sondern von einer „mythisch-unerreichbaren" Figur (Ingeborg Weber-Kellermann), die Christkindlein oder

Knecht Ruprecht hieß und alles wusste und alles vermochte – gleichsam göttliche Eigenschaften, die den Kindern auch zur Last werden konnten, wurden sie doch von diesem großen Unbekannten „moralisch" in die Pflicht genommen: Beschenkt wurde von ihm, wer das Jahr über artig und brav gewesen war, Gehorsam gegen die Eltern, Fleiß und Ehrfurcht gezeigt hatte; der Akt der Bescherung – ein zunehmend aufwendig inszeniertes Spektakel – setzte also sittliche Disziplinierung voraus, bedeutete Einübung in das „Struktursystem von Macht und Ohnmacht", in das Akzeptieren anonymer Mächte, denen man ausgeliefert war. Weihnachten gestaltete sich zur rituellen, alljährlich wiederkehrenden Gratifikationsrunde für die Unterwerfung unter die Spielregeln der frühbürgerlichen, zunehmend auf Erfolg konditionierten Gesellschaft. Geschenke waren keineswegs selbstlos aus Liebe gegebene Gaben – sie luden sich vielmehr auf mit neuer Signalwirkung: Du hast brav „funktioniert" und dir dafür auch die Geschenke verdient – trachte aber auch danach, in Zukunft Entsprechendes zu leisten!

Obwohl sowohl die katholische als auch die evangelische Kirche diesem sehr freien „Umgang" mit Elementen der Glaubenslehre ablehnend gegenüberstanden, es als „Narrheit" und „schimpfliches Zeug" verurteilten, war die Dynamik des Schenkens nicht mehr zu stoppen. Der Nutzen für eine zunehmend „bürgerlich" werdende Gesellschaft war offensichtlich – Hand in Hand damit ging die Entfaltung einer immer komplexer werdenden weihnachtlichen Geschenkkultur, in der sich der soziale und wirtschaftliche Erfolg des Bürgertums spiegelte und die mit der Einführung des Christbaums als zentralen Symbols der Bescherung einen Höhepunkt erreichte. Das kirchliche Hochfest zum Gedenken an die Geburt Jesu, des Erlösers, hatte sich damit endgültig zur Feier bürgerlicher Glücksvorstellungen verwandelt: Familiäre Harmonie und privater – auch geschäftlicher – Erfolg wurden zu den wichtigsten Kriterien für die alljährliche Festfreude.

Die Nikolaus-Komödie

Was nun die österreichischen Länder betrifft, so war es hier, in den Kerngebieten der Gegenreformation, unmöglich, diese Entwicklung des Weihnachtsfests mitzutragen, so blieb es etwa in Wien bei den traditionellen religiösen Ritualen und beim geselligen Vergnügen – beliebt waren vor allem diverse Kartenspiele –, dem man sich in fröhlicher Runde hingab. Die Wiener Wein- und Bierschenken freuten sich am Heiligen Abend über Rekordbesuch, in denen sich, wie der Spötter Joseph Richter in seiner Bildergalerie katholischer Missbräuche (Leipzig 1784) schrieb, „andächtige Christen" auf die Mette vorbereiteten. Für die lebenslustigen Wiener blieb Weihnachten ein Fest des Frohsinns, der saturnalischen Ausgelassenheit alter Zeit näherstehend als dem betulich-frommen Eifer des protestantischen Nordens. Die weihnachtliche Devise der Wiener blieb: Hauptsache, man hatte seinen Spaß!

Nun hatten die erzkatholischen Habsburger ihren Untertanen zwar mit blutiger Konsequenz den Protestantismus ausgetrieben, aber nicht verhindern können, dass sich auch hier neue Verhaltensmuster im Begehen der Dezemberfeste etablierten und „Randgebiete" in vielfach „heidnischen" Brauchtumsritualen verharrten. Die gesellschaftlichen Veränderungen – der Aufstieg frühbürgerlicher Schichten zu Ansehen und Wohlstand – erzeugten insbesondere Druck auf das Schenkverhalten und entsprechende Inszenierungen: So war auch die Bürgerschaft in den österreichischen Ländern bald nicht mehr bereit, auf jenes probate Mittel zur sittlichen Konditionierung ihrer Kinder zu verzichten, das in lutherischen Landen so erfolgreich praktiziert wurde: Geschenke gegen die angebliche oder tatsächliche Tugendhaftigkeit des Nachwuchses auszutauschen.

Da Weihnachten aus gegenreformatorischen Rücksichten entwicklungsmäßig blockiert war, entwickelte sich das neue Geschenkritual im Umfeld eines anderen Dezemberfests, das in Wien – und im süddeutschen Raum – ebenfalls auf eine lange Tradition zurückblicken konnte: der Nikolausfeier. Der heilige Nikolaus, auch Nikolo oder St. Nikla genannt, der schon immer kleine Geschenke wie Äpfel und Nüsse gebracht hatte, übernahm jetzt immer mehr die „Star-Rolle" des großen Schenkenden und strengen Prüfers. So verlangte er in den Alpengegenden bei seinem Besuch von den Kindern die sogenannten „Bet- oder Klausenhölzer" zu sehen, mit denen gleichsam ihre Frömmigkeit protokolliert wurde: In den letzten Wochen vor dem Besuch des Heiligen setzten sich die Kinder jeden Abend um den Tisch in der Stube und beteten einige Vaterunser und Ave Maria; die Mutter schnitt für jedes Gebet eine Kerbe in ein Holzscheit, das dann mit Schüsseln oder Schuhen ins Fenster gelegt oder dem heiligen Nikolaus persönlich überreicht wurde. Oft hatten die Kinder für den Gabenbringer mit dem weißen Bart auch einige fürwitzige Verse parat, etwa:

Herein, herein, Herr Nikolaus!
Hier sind recht brave Kinder z'Haus.
Hast was, so setz dich nieder,
Hast nix, so geh glei wieder.

Und in Türnitz in Niederösterreich stichelten sie:

Vater unser, der du bist,
der Nikolo, der fällt in Mist,
der Krampus, der fällt drauf,
der Nikolo kann nimmer auf.

Begleitet wurde der heilige Bischof von einem Gefolge, das aus dunklen und hässlichen sowie hellen und schönen Gestalten bestand. So kannte man im östlichen Oberösterreich die weiß gekleidete und einen Henkelkorb mit Gaben tragende „Nikolausfrau", der so „schiache" Begleiter wie das ganz in Tannenreisig gehüllte „Grassatmandl", der Krampus oder die „Habergeiß", ein dämonisches Wesen in Gestalt eines Bocks oder einer Ziege, gegenüberstanden. Lambert Guppenberger gibt eine farbige Schilderung dieses Nikolaus-Spektakels im Band Oberösterreich des von Kronprinz Rudolf herausgegebenen Werks über die österreichisch-ungarische Monarchie: „Jährlich kommt zu den Kindern der Heilige Nikolaus, bald zur Freude, bald zum Schrecken, bald lohnend, bald strafend. Am feierlichsten hält er seinen Umzug in der Gegend von Windischgarsten. Am Vorabend des Nikolaustages (6. Dezember), wenn es bereits ganz finster geworden ist, kommt es an das Haus heran. Man hört vor der Thüre Kettenklirren und Schellenklingen. Drei laute Schläge an die Thüre, und

herein kommt ein Zug seltsamer Gestalten. Voran schreitet, die Inful auf dem Haupte, angethan mit Chorhemd und Vespermantel, den Bischofsstab in der Hand, der Niklaherr, der Allwissende, dem sein kleiner Finger alles offenbart. Ihn begleitet mit allerlei Flitter behangen, die Niklafrau, freundlich und hold, die Mädchen zu fleißiger Handarbeit mahnend. Hinter dem Niklaherrn und der Niklafrau kommt deren Gefolge mit Gaben für die guten, aber auch mit Birkenreisern für die bösen Kinder beladen. Die letzteren bedroht der Krampus, eine Schreckgestalt mit Hörnern auf dem Kopfe und mit heraushängender roter Zunge, in dichten Pelz vermummt und mit rasselnder Kette. In deren Gerassel mischt sich das Meckern der Habergeiß, einer weißumhüllten Gestalt, die bald, grausig genug, ihren langen Hals emporreckt, bald in sich selbst zu versinken scheint. Nicht minder Schrecken erregt bei den Kindern der Klaubauf, eine

Der „Nikolo" und seine Begleiter in einer Kärntner Bauernstube. Holzstich aus dem Band „Kärnten und Krain" der „Österreichisch-ungarischen Monarchie in Wort und Bild", 1891

Riesengestalt mit ungeheurem Bart und einem Rückenkorb, aus dem es wie Kindeswimmern laut wird; auch Hände und Füße, wie von Kindern, strecken sich aus dem Korb hervor oder es baumelt wohl gar daran ein Kopf nieder. Jetzt hört man von draußen ein erschreckliches Grunzen; der Leutfresser naht, eine Figur mit einem Schweins- oder anderem Thierkopf statt des Menschenhauptes auf den Schultern, Krallen statt der Finger und statt der Füße Pferdehufe, die mit Macht den Boden stampfen. Er frisst die bösen Kinder, nachdem sie in Niklaland gemästet worden sind. Hierzu kommen noch Jäger mit

Hirschgeweihen auf dem Kopfe, winzige Zwerge mit ellenlangen Bärten und Riesen, die mit den Köpfen bis zur Stubendecke reichen, aber bald kleiner, bald größer werden, Einsiedler und anderer abenteuerlicher Tross.

Der Niklaherr hält nun mit den Kindern, die sich ängstlich in den Winkel hinter dem Tische geflüchtet haben oder die Mutter beim Kleide festhalten, strenge Prüfung und spendet Lob und Tadel nach Verdienst. Sodann befragt er seinen kleinen Finger, der ihm alle Fehler und Vergehen sowie alle Vorzüge und Tugenden der anwesenden Kinder offenbart. Schon will der Krampus nach einem Buben greifen, der es sonst am kecksten zu treiben pflegt, jetzt aber ganz verdutzt im Tischwinkel hockt; aber die gütige Niklafrau tritt schützend dazwischen. Doch bekömmt der kleine Thunichtgut eine Hand voll tauber Nüsse und eine Birkenruthe zum Geschenk, welche letztere ihn, wenn er je wieder ‚schlimm‘ sein sollte, von selbst durchbläuen wird. Die guten Kinder dagegen werden reichlich beschenkt. Dabei bekommen sie Brode (sic!), welche den Nikla, den Krampus, Hirsche und dergleichen vorstellen.“

Auch in der Residenzstadt Wien bildete sich jenes komödiantische Szenario heraus, das später die josephinischen Aufklärer zu heftiger Kritik herausfordern sollte: Begleitet vom Krampus, der fantasievoll ausstaffierten Verkörperung des strafenden Bösen, erscheint der heilige Nikolaus mit Bischofsmütze und Stab und beginnt sein strenges Examen der Kinder, bei zufrieden stellendem Ergebnis gibt es die Geschenke, bei

Das neue Christbaumfest und die Gabenbringer von einst: Nikolaus und Krampus kommen auch am Heiligen Abend.
Aquarell von Franz Xaver von Paumgartten im „Erinnerungsbuch“ für dieWiener Kaufmannsfamilie Baumann, 1820

weniger überzeugendem Resultat kann es neben diesen auch noch Rutenhiebe vom Krampus geben. Das Brauchtum um diese Kreatur der Hölle war in Österreich bereits im Spätmittelalter weit verbreitet, wurde jedoch von der Inquisition, die dessen „heidnische" Wurzeln in den Silvani und Faunen der alten Welt nicht übersehen konnte, verboten: Wer sich als Krampus verkleidete, riskierte die Todesstrafe. Seine neuerliche Konjunktur verdankt der Krampus der ersten großen „diabolischen Explosion" (Jacques Le Goff) im Europa der frühen Neuzeit – jenen immer detailreicher ausgesponnenen Fantasien des Bösen, die letztlich auch die Hysterie um die „Hexen" schürten. Der Name leitet sich wohl von althochdeutsch krampen (= „Kralle") ab. In der Zeit der Gegenreformation entstehen auch die sogenannten „Stubenspiele", die bis heute in einigen Orten – etwa in Tauplitz, Bad Mitterndorf und Pichl-Kainisch im Salzkammergut – überlebt haben. Der englische Arzt und Reisende Edward Brown, der die habsburgischen Lande zwischen 1670 und 1680 bereiste, gibt in seinem drei Jahre nach der Zweiten Türkenbelagerung veröffentlichten Werk Durch Niederland, Teutschland usw. gethane Reisen (Nürnberg 1686) einen Hinweis auf das Nikolausfest in der Barockzeit und insbesondere über die diesbezüglichen Schenk-Usancen der Wiener: „Sie haben eine Gewohnheit, daß sie auf den S. Nicolaus-Tag den Kindern einige kleine Geschenke in die Schuh stecken. Unter andern aber thun sie gewisse Thaler von Pappier und Blumen, die verguldet und versilbert seyn, darunter, welche doch kaum eines Pfennigs werth" – bescheidene Anfänge, die sich ein Jahrhundert später zur großen Geschenk-Palette erweitert hatten: Jetzt gab es Puppen und Nähzeug, Lehrbücher und Schmuck und natürlich das traditionelle – frische und/oder gedörrte – Obst und mitunter auch ein bunt geschmücktes grünes „Nikolobäumchen", einen Vorläufer des späteren Christbaums. Damit hatte der Nikolaus das weihnachtliche Geschenkpotenzial fest an sich gebunden – zu Weihnachten selbst gab es im Wien des 18. Jahrhunderts keine Geschenke mehr.

Während nun im protestantischen Norden das „Kindleins-Spiel" oder auch „Christkindleins-Spiel" als „Comödiantische Fürstellung der Geschichte der Erscheinung des Herrn Jesu" (so Zedlers Universal-Lexikon Aller Wissenschaften und Künste 1748) den Zorn der Theologen und Aufklärer weckte, waren es im katholischen Süden die immer „ausschweifender" werdenden Krampus- und Nikolaus-Spektakel, die schließlich – etwa vier Jahrzehnte später – aufklärerische Vernünftigkeit auf den Plan riefen. Sie wollte dem munteren Treiben in eindringlichen Appellen, formuliert in kleinen Streitschriften, Einhalt gebieten, doch vorerst wohl ohne Erfolg. Heute sind diese kuriosen Anti-Nikolaus-Pamphlete eine wichtige kulturhistorische Quelle. Die Attacken der Aufklärer richteten sich jedoch nicht nur gegen den pädagogischen Unsinn, Gehorsam durch theatralisch inszenierte Drohungen erzwingen zu wollen, sondern verstärkt auch gegen die „Possen" des Krampus, der, folgt man den Quellen, seine Aufmerksamkeit vor allem den hübschen weiblichen Bedienten der besuchten Häuser widmete und vor erotisch-anzüglichem Unfug nicht zurückschreckte. Was barocke Sinnenfreude und die Lust an der Komödie einst geduldet, ja geschätzt hatten, war der nüchtern-praktisch denkenden Stadtgesellschaft am Vorabend der großen europäischen Krise, heraufbeschworen durch die Französische Revolution, bereits bedenklich – die Zeit war reif für neue Formen des Geschenktransfers und familiärer weihnachtlicher Idyllik.

Zimtsterne

3 Eiweiß (oder 90 g pasteurisiertes Eiweiß)

250 g fein gesiebter Puderzucker

2 cl Zitronensaft oder Kirschwasser

10 g Zimt

350 g fein gemahlene Mandeln (oder Haselnüsse)

Geriebene Mandeln oder Haselnüsse zum Bestreuen

1. Eiweiß mit Puderzucker und Zitronensaft sehr steif schlagen (bei Verwendung von Kirschwasser dieses erst in die fertig aufgeschlagene Masse mit den Mandeln einrühren).

2. Etwa 130 g Schneemasse für die Glasur beiseitestellen. Zimt und Mandeln in die restliche Masse einmengen. Teig zwischen einem aufgeschnittenen dickeren, mit geriebenen Mandeln oder Haselnüssen bestreuten Vakuumiersack (oder zwischen zwei bestreuten Backmatten bzw. auf einer mit Mandeln oder Haselnüssen bestreuten Arbeitsfläche) 8–10 mm dick ausrollen.

3. Die Eiweißglasur mithilfe einer Winkelpalette oder Tortenschaufel gleichmäßig darauf verteilen, dabei aber etwas Glasur für allfällige Teigreste zurückbehalten, die noch bestrichen werden müssten. Nun am besten mit einem speziellen Ausstecher kleine Sterne ausstechen. (Dieser Ausstecher kann aufgeklappt werden und die eher klebrigen Sterne können somit besser entnommen werden, ohne die Glasur zu beschädigen.) Den Ausstecher ab und zu in heißes Wasser tauchen und etwas abtropfen lassen, damit sich die Sterne leichter aus der aufgeklappten Form lösen. (Siehe dazu Tipp für eine schnelle Variante.)

4. Sterne evtl. bei Raumtemperatur 4–5 Stunden antrocknen lassen.

5. Den Backofen entweder auf 140–150 °C oder 175–190 °C vorheizen.

6. Sterne auf ein vorbereitetes Backblech setzen und 12–15 Min. bei niedriger Hitze oder 5–6 Min. bei höherer Temperatur unter Aufsicht backen. Die weiße Glasur sollte nur einen leichten Ansatz von Bräune aufweisen, die Sterne sollten innen noch weich sein. (Tipp: Sobald sich die Sterne vom Backblech abheben lassen, sind sie fertig.)

Die beim Ausstechen übrig gebliebenen Teigreste mit etwas fein gemahlenen Nüssen wieder verkneten, ausrollen, mit Glasur bestreichen und ausstechen. (So oft wiederholen, bis der Teig aufgebraucht ist.)

Für eine schnelle Variante ohne diesen speziellen Ausstecher die ausgerollte und mit Glasur bestrichene Teigplatte in Schnitten schneiden und backen.

Streichhölzer

Ca. 250 g beliebiger Mürbeteig (mit oder ohne Nüsse)

Schokoladeglasur oder mit roter Lebensmittelfarbe gefärbte Fondantglasur zum Tunken

1. Den Backofen auf 165–175 °C Heißluft vorheizen.

2. Den vorbereiteten Mürbeteig rechteckig auf eine Stärke von 5–6 mm ausrollen.

3. Mithilfe eines Lineals in 9 mm breite und 14 cm lange Streifen schneiden.

4. Vorsichtig (mit einer Winkelpalette oder Teigkarte) auf ein vorbereitetes Backblech legen und je nach Größe ca. 10–14 Min. hellbraun backen.

5. Herausnehmen und auskühlen lassen.

6. Einen Teil der Kekse mit der Spitze in Schokoladeglasur oder gefärbte Fondantglasur tunken und trocknen lassen.

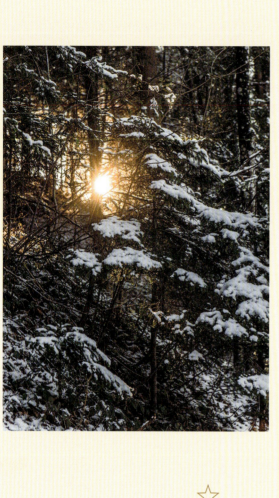

Das Salzburger Nikologartl

Bevor auch in Salzburg die Bescherung unter dem Christbaum Einzug in den Haushalten hielt, gab es für die Kinder nur am Nikolaustag Geschenke: das sogenannte „Nikologartl". Dabei bastelten die Eltern auf einer meist quadratischen Bodenplatte einen kleinen Garten mit Zaun, in dem die Figuren des Nikolaus und des Krampus Aufstellung fanden; den Boden legten sie sorgfältig mit Moos und Tannenreisig aus, dann füllten sie das „Nikologartl" mit allerlei Köstlichkeiten auf – dazu gehörten etwa Äpfel, Nüsse, gedörrte Zwetschken, Kletzen und Feigen. Manchmal stellte die Mutter vor dem „Gartl" auch noch kleine brennende Wachskerzen auf.

Wer keine Zeit zum Bau eines „Nikologartls" fand, der konnte es am Salzburger Christkindlmarkt auch als fertiges Arrangement kaufen. Der seit 1840 beim Salzburger Dom abgehaltene Weihnachtsmarkt war deshalb in früheren Zeiten zu Recht als „Nikolaimarkt" bekannt; die früheste Erwähnung eines Markts in Salzburg findet sich in einer Rechnung des Salzburger Bürgerspitals aus dem Jahre 1491. Von einem Vorweihnachtsmarkt wird in den Quellen erstmals 1679 berichtet; nun ist allgemein bereits von einem „Nikolaimarkt" die Rede. So sagt der aus Donauwörth stammende Aufklärer und Salzburg-Chronist Lorenz Hübner (1751–1807) in seiner 1793 erschienenen Beschreibung der hochfürstlich-erzbischöflichen Haupt- und Residenzstadt Salzburg und ihrer Gegenden über den Nikolaimarkt: „Ein sogenannter Christmarkt ist eigentlich für die Stadteinwohner gewidmet. Er fängt 14 Tage vor Nikolai an und dauert noch 14 Tage danach.

Während dieser Zeit wird Puppen- und Naschwerk verkauft und es ist jedermann gestattet, alte oder Trödlwaren öffentlich feilzuhalten." 1849 schränkte der Salzburger Magistrat die Dauer des Weihnachtsmarktes auf 14 Tage um Nikolo ein; die Standler hielten sich jedoch nicht daran. Die Aufnahme in die städtische Marktordnung erfolgte schließlich 1903 unter folgenden Vorgaben: „In der Zeit von 11. November bis 24. Dezember findet unter den Dombögen der Nikolaimarkt statt, auf welchem nur von Personen, welche in der Stadt Salzburg wohnhaft sind, Waren aller Art, mit Ausnahme von Nahrungs- und Genußmitteln sowie Getränken, feilgehalten werden dürfen."

In der Zeit des aufkommenden Faschismus in den 1930er-Jahren ging der Sinn für Tradition und Bedeutung des Nikolaimarkts verloren; erst nach dem Zweiten Weltkrieg konnte wieder jene friedliche Stimmung um sich greifen, die für einen Weihnachtsmarkt unerlässlich ist: Der Weihnachtsmarkt fand 1946 zunächst im Kurpark eine Heimstätte, dann am Mirabellplatz und schließlich übersiedelte der Christkindlmarkt wieder auf den Domplatz. Bei Punsch und Glühwein, Würsteln und Maroni kann der Salzburger Adventwanderer heute hier in vollen Zügen alpenländische Weihnachtsstimmung genießen.

Nikolaus und Krampus

Im ersten Band ihrer 1841 erschienenen Zeitbilder erinnert sich Karoline Pichler (1769–1843), die jahrzehntelang den bedeutendsten literarischen Salon Wiens unterhielt, wie Nikolaustag und Weihnachten um 1780 in ihrem Elternhaus gefeiert wurden. Als Tochter eines wohlbestallten Hofrats und einer Vorleserin am kaiserlichen Hofe genoss sie eine ausgezeichnete Erziehung, da durften natürlich auch so heiß ersehnte Momente wie der Besuch des Nikolaus und seines höllischen Begleiters nicht fehlen.

„Der 5. Dezember und mit ihm der Vorabend des Nikolaustages war gekommen. Jetzt ertönte ein lautes Geklingel vor der Tür, diese öffnete sich rasch, ein heller Lichtschein strömte ins Zimmer; und nun trat der Bischof mit der hohen Mütze und dem langen weißen Bart, auch sonst wohlvermummt mit weißer Perücke und Baumwollbart, den goldenen Stab in der Hand, mit feierlichem Anstand herein. Hinter ihm kam der Krampus im schwarzen Pelzrock, mit Hörnern auf dem Kopfe und einer mächtigen Rute, in den Händen einen Sack voll Nüsse. Der heilige Mann prüfte die Kinder aus dem, was sie damals in der Schule lernten, und teilte dann die Geschenke aus. Er drohte wohl auch mit der Rute, die der Schwarze zum Schrecken der Kinder schwang; endlich aber hieß er den Krampus, seinen Sack auszuleeren. Dies geschah dann mit großem Gepolter, zur Freude der Kinder, die auf die herauskollernden Nüsse losstürzten und ihnen in alle Winkel nachkrochen.

Diesem Abend folgte nun bald der Weihnachtsabend. Damals war er kein Fest mit duftendem Tannenbäumchen und schimmernden Lichtern, sondern ein Tag der Vorbereitung auf den hohen Festtag, an dem man Enthaltsamkeit und Genuß, Andacht und Vergnügen sinnig zu vereinigen wußte. Streng beobachtete man das Fasten.

Es versteht sich, daß in den Häusern, wo man etwas darauf hielt, nicht nur kein Fleisch auf den Tisch kam, sondern daß man auch bloß eine Mahlzeit zu sich nahm, und zwar gegen Abend.

Nach dieser gesellten sich gewöhnlich die Freunde des Hauses zur Familie und begingen ein sogenanntes „Sabbathindl". Man veranstaltete Gesellschaftsspiele, darunter das wohlbekannte „Lesseln". Dann, gegen Mitternacht, begab man sich in die Mette, das heißt in das Hochamt, das um diese Stunde in den Kirchen zum Andenken der Geburt des Heilands gehalten wird, und kehrte hierauf nach Hause zurück. Nichts hielt jetzt mehr davon ab, in Gesellschaft heiterer Tischgenossen ein recht reichliches Mahl zu verzehren. Der Weihnachtstag war ja angebrochen, somit der Genuß der Fleischspeisen erlaubt."

Unter „Lesseln" oder „Lösseln" verstand man Gesellschaftsspiele, die in den Raunächten – „Lößnächten" – einen Blick in die Zukunft erlauben sollten; dazu zählten Ofenlochschauen, Bleigießen und Schuhwerfen. Bei letzterem Vergnügen saßen die unverheirateten Mädchen mit dem Rücken gegen die Tür und warfen ihren Schuh über den Kopf hinweg. Zeigte die Schuhspitze zur Tür, so galt dies als ein Zeichen, daß das betreffende Mädchen noch im kommenden Jahr als Braut durch diese hinausgehen würde. „Sabbathindel", den wienerischen Ausdruck für „Christmette", leitete Volkskundler Gustav Gugitz von italienisch sabbatino („Abendunterhaltung") ab.

Husarenkrapferl

100 g Feinkristall-, Gelb-,
Roh-, Rohr- oder fein gesiebter
Puderzucker

200 g kühle Butter

300 g glattes Weizen-
oder feines Dinkelmehl

2 Eigelb oder 1 Ei

20 g Vanillezucker

Prise Salz

ca. 200 g Marmelade nach
Belieben (Powidl-, Johannis-
beer-, Himbeer-, Quitten- oder
Orangenmarmelade)

1. Kühle Butter in kleine Stückchen schneiden und mit den rest-lichen Zutaten in einer Schüssel bzw. auf einer (möglichst kühlen) Arbeitsfläche mit der Hand oder in einer Küchenmaschine mit dem Knethaken vermengen und den Teig so kurz wie möglich durcharbeiten, bis er kompakt ist und gut zusammenhält.

2. Den Backofen auf 165–175 °C Heißluft vorheizen.

3. Nun vom Teig kleine Stückchen abzupfen und zu kleinen Kugerln formen. Auf ein vorbereitetes Backblech setzen und mit einem Kochlöffelstiel kleine Vertiefungen in jedes Keks drücken. Dabei ab und zu den Stiel in Mehl tauchen, damit der Teig nicht kleben bleibt.

4. Im vorgeheizten Backofen etwa 8–13 Min. backen.

5. Inzwischen die Marmelade in einen Spritzsack füllen (dazu den Sack mit einer Klammer verschließen) und die Marmelade in die Vertiefung der noch heißen Kekse spritzen. (Durch die Hitze trocknet die Marmelade schneller an.) Oder die Marmelade mit einem kleinen Löffel einfüllen. Trocknen lassen.

VARIATIONEN
— Teig zu Rollen formen, mit verquirltem Ei bestreichen und in fein gemahlenen Nüssen, Sesam oder Kristallzucker wälzen. Dann in Stücke schneiden, auf ein vorbereitetes Backblech legen, Loch eindrücken, backen und noch heiß die Marmelade einfüllen.

— Vor dem Backen das eingedrückte Loch mit kleinen Schokola-destücken oder Marzipanmasse füllen und mit einem klein aus-gestochenen Keks abdecken.

Ist die Marmelade eher flüssig, so kann sie mit 1–2 Blatt in Wasser ein-geweichter und ausgedrückter Gelatine stabilisiert werden.

Der mit Marmelade gefüllte Spritzsack kann – mit einer Klammer verschlossen – mehrere Tage hindurch immer wieder verwendet werden, ohne dass die Marmelade austrocknet. Marmelade, die mit Gelatine vermischt wurde, lässt sich so allerdings nicht aufbewahren.

ABRAHAM A SANCTA CLARA

ITEM FRAGT
DER NICOLA

Item fragt der Nicola:
Wie sich die Kinder das gantze Jahr hindurch verhalten haben?
Ob sie gern beten?
Denen Eltern und Praeceptoribus gehorsam seyn?
Ob zum Exempel der Hanserl und der Paul
nicht zu faul?
Ob der Fräntzerl und Ignazerl
kein schlimmes Frazerl?
Ob der Michel und der Six
vielleicht gelernt nix?
Ob die Cätherl gern bei dem Räderl?
Ob die Sabindl gern bei der Spindl?
Ob die Liserl und Thereserl
nicht etwan zweyn junge Eserl?
Diss alles fragt der Nicola.

39

Sablés

300 glattes Weizen- oder feines Dinkelmehl

220 g kühle Butter

70 g Feinkristall-, Gelb- oder fein gesiebter Puderzucker

1 Eiweiß (30 g)

20 g Vanillezucker (am besten selbst hergestellt) oder etwas ausgekratztes Vanillemark

Prise Salz

Verquirltes Ei oder Eigelb-Wasser-Gemisch zum Bestreichen

Hagel-, Feinkristall-, Roh-, Rohr- oder Gelbzucker zum Wälzen

1. Alle Zutaten vermengen und rasch zu einem Mürbeteig verkneten.

2. Teig zu 2–3 cm dicken Stangen rollen und mit dem verquirlten Ei oder einem Eigelb-Wasser-Gemisch bestreichen. In Zucker wälzen, den Zucker gut andrücken und evtl. kurz kühl stellen.

3. Den Backofen auf 165–175 °C Heißluft vorheizen.

4. Die Stangen in 2–3 mm dicke Scheiben schneiden, auf ein vorbereitetes Backblech setzen und im vorgeheizten Backofen 11–13 Min. unter Aufsicht hellbraun backen.

5. Herausnehmen und auskühlen lassen.

VARIATIONEN
— Teig mit beliebigen Gewürzen oder einer Gewürzmischung aromatisieren.

VERFEINERN
— Teigrollen wahlweise in Buntzucker, Mohn, Sesam, gemahlenen Nüssen, Mandeln, Kürbis- oder Sonnenblumenkernen, Kokos- oder Haferflocken, fein gemahlenem Nusskrokant (gekauft oder selbst hergestellt), Zimt-Zucker oder in einem Zucker-Lebkuchen-Gemisch wälzen.

— Vor dem Backen eine geschälte, halbierte Mandel in die Kekse drücken.

HEINRICH RITTER VON LEVITSCHNIGG

Ein Krampus aus Pflaumen vulgo Zwetschkenkrampus

Zu Recht vergessen sind heute die meist auf exotischen Schauplätzen spielenden reißerischen Romane des ehemaligen Berufsoffiziers und später als Journalist und Schriftsteller tätigen Heinrich Ritter von Levitschnigg (1810–1862). Sein bekanntestes Buch, Wien wie es war und ist (1860), ist jedoch eine geschätzte kulturgeschichtliche Quelle, unter anderem erinnert sich Levitschnigg in seiner unterhaltsam zu lesenden Beschreibung der kaiserlichen Residenzstadt auch an das alte Nikolausfest – von den barocken Tollheiten, so berichtet er, sei jedoch um die Mitte des 19. Jahrhunderts nicht mehr viel geblieben, der einst gefürchtete diabolische Rutenschwinger an der Seite des heiligen Bischofs zum kümmerlichen Zwetschkenkrampus verkommen …

„Wenn der November zu Ende geht und die Festklänge allüberall verstummen, denn ‚Kathrein sperrt den Tanz ein‘, dann beginnt ein ernsteres und doch nebenbei lustigeres Leben und Treiben in der großen Residenz am oberen Donaugestade. Die Adventzeit ist herbeigekommen, das Weihnachtsfest steht vor der Thür, und bald wird der Christabend dämmern mit seinen reichbehängten Tannenbäumen, an deren Zweigen hunderte von Lichterchen die Geburt des Helden vom See Tiberias feiern und verkünden. (…)

Z

Der Vorläufer der Weihnachten ist das Nikolaifest. Dies Fest wird zu Ehren des heiligen Nikolaus, des einstigen Bischofs von Myra, am 6. Dezember gefeiert.

Der heilige Nikolaus, heißt es, zieht an diesem Tage Abends mit dem Knecht Ruprecht umher, droht den unfolgsamen Rangen mit der Ruthe, und gibt den gehorsamen Kindern Äpfel und Nüsse zu verkosten. Das Nikolaifest wurde im Mittelalter, besonders in Hamburg, mit Maskeraden und Gelagen gefeiert; diese Sitte ist auch hie und da, wie zum Beispiel in einigen Ortschaften von Thüringen, üblich. In Wien heißt der heilige Nikolas schlechtweg Niklo, wobei die Betonung auf die letzte Sylbe fällt. Sein Erscheinen wird den Kindern durch Klingelgeläute wie durch das Rasseln der Ketten verkündet. Der Heilige trägt die Bischofsmütze und den Krummstab. Seine Begleiter sind der Engel mit dem goldenen Stab und der sogenannte Krampus mit dem Schürhaken.

Dieser Krampus – ein Wiener Ausdruck – ist
nichts weiter als der leidige Gottseibeiuns in
höchst eigener Person. In Buden wie auf den
Ständen der Halle, um nicht Höckerweiber zu
sagen, wird ein Standbild, eine Statuette des
Meisters Urian oder des Junkers Voland, verkauft, eine Statuette, welche komisch genug
aus Pflaumen gefertigt wird und den Namen
Zwetschkenkrampus zu führen pflegt. Dieser
Zwetschkenkrampus schwingt die Ruthe, trägt
auch Ketten, ist nebenbei mit Rauschgold in
stattlicher Weise herausgeputzt. Hätte E. Th. A.
Hoffmann diesen originellen Kauz gekannt, der
Zwetschkenkrampus würde in dem obener-
wähnten Märchen zweifelsohne eine sehr bedeu-
tende Rolle gespielt, eine tüchtige Märchenfigur
abgegeben haben."

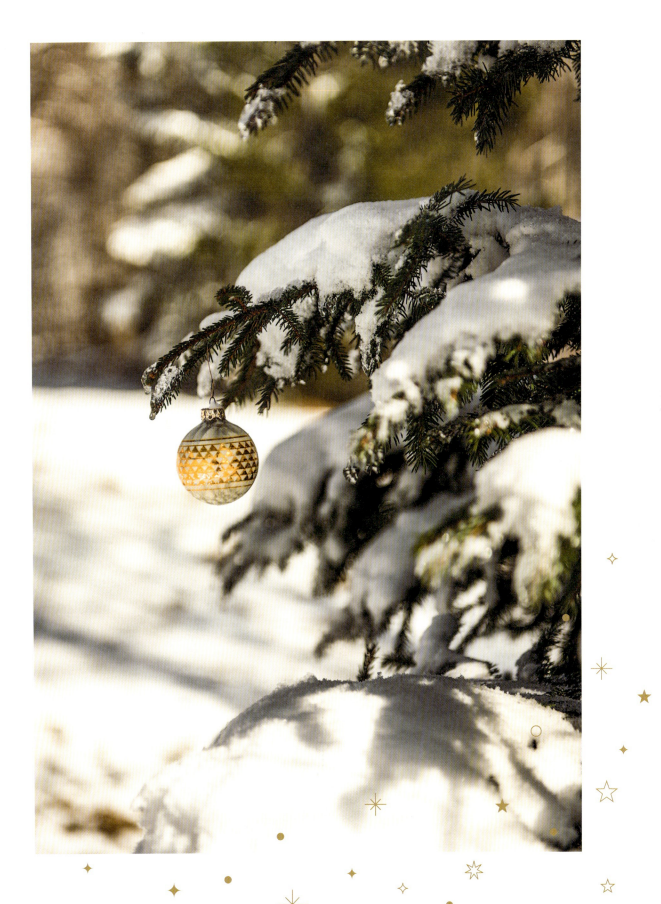

Schokoladetaler

100 g weiche Butter

190 g Gelb- oder Feinkristallzucker

20 g Vanillezucker

Prise Salz

50 g fein gesiebtes Kakaopulver

1 Ei

10 ml Amaretto oder Mandellikör, ersatzweise etwas Bittermandelaroma

250 g glattes Weizen- oder feines Dinkelmehl

1 ML Backpulver

1 kleines Glas (200 g) Amarenakirschen (im gut sortierten Lebensmittelhandel erhältlich)

Wasser oder Eiklar zum Bestreichen

Rohzucker zum Wälzen

1. Für den Mürbeteig alle Zutatenbis auf die Kirschen in einer Schüssel oder auf einer Arbeitsfläche mit den Händen oder mit dem Knethaken in der Küchenmaschine vermengen und rasch zu einem Teig kneten.

2. Nur bei Bedarf mit Frischhaltefolie abgedeckt im Kühlschrank ca. 1 Stunde rasten lassen.

3. Auf einer leicht bemehlten Arbeitsfläche den Teig zu 2–3 cm dicken Rollen formen. Mit Frischhaltefolie abgedeckt im Kühlschrank ca. 1 Stunde fest werden lassen.

4. Den Backofen auf 165–175 °C Heißluft vorheizen.

5. Dann die Rollen mit etwas Wasser oder Eiweiß bestreichen und in Zucker wälzen. Von den Rollen etwa 2–3 mm dicke Scheiben abschneiden und diese auf ein vorbereitetes Backblech legen.

6. Amarenakirschen in einem Sieb gut abtropfen lassen, halbieren und evtl. nochmals auf Küchenpapier abtropfen. Jeweils eine halbe Kirsche in die Mitte der Scheiben platzieren und mit dem Daumen oder Finger leicht andrücken.

7. Im vorgeheizten Backofen 10–13 Min. nicht zu dunkel backen. (Vorsicht, bei dunklen Teigen übersieht man schnell den Bräunungsgrad!)

Die Rollen statt in Zucker in Kokosflocken, fein oder grob gemahlenen Nüssen oder Sesam wälzen.

Am Christkindlmarkt

☆ ·

✳

Weit zurück in die Vergangenheit weisen die Spuren der Christkindlmärkte, die vor allem die Herzen der Kinder höherschlagen lassen. Der geschäftige Budenmarkt im Advent, bis heute ein kulinarisch-wärmender Lichtblick an schneeverhangenen Dezembertagen, ist die Konstante der Weihnachtslandschaften österreichischer Städte: Ob man nun das Hochfest der Geburt Christi mit oder ohne Christbaum feierte, ein Krippenspiel besuchte oder in die Christmette ging – ein Spaziergang zwischen den mit Herrlichkeiten aller Art überladenen Standeln gehörte und gehört einfach dazu.

Blicken wir auf den Christkindlmarkt in Wien: Wenn man so will, stammt die Basis für die Existenz des „Krippenmarkts", wie man ihn im alten Wien nannte, noch aus dem fernen Mittelalter. Die im Stadtrecht König Albrechts I. 1296 erteilten Jahrmarktrechte räumten der Stadt das Privileg ein, Jahrmärkte abzuhalten – allerdings: Die aus mittelalterlichen Quellen bekannten Wiener Märkte hatten mit Weihnachten nichts zu tun. Der erste konkrete Hinweis auf den Christkindlmarkt stammt vielmehr erst aus dem Jahre 1601: In der Rechnung des Unterkammeramtes – in seiner administrativen Funktion mit dem heutigen „Bauamt" vergleichbar – aus diesem Jahr wird von einer Einnahme gesprochen, die auf dem „stantgelt von den peckhern, letzelter und zuckherpacher hütten" beruhe; 1620 werden dem Unterkammeramt dann Aufwendungen für das Zerlegen dieser Hütten in Rechnung gestellt. Das ganze 17. und 18. Jahrhundert hindurch lässt sich so anhand nüchter-

Wner Akten die Spur des Wiener „Weihnachtsmarkts" verfolgen; Standorte waren bis 1761 der Graben und die Brandstatt – „Dieser Marckt ist gänzlichen cassiert worden", hieß es in der Sprache des Unterkammeramts –, dann ab 1772 die Freyung. Hintergrund dieser Translokation war der Wunsch der Stadtverwaltung, den Graben verkehrstechnisch zu entlasten – damit war man gezwungen, die zahlreichen Buden und Standeln aufzulassen.

Von entscheidender Bedeutung für die weitere Entwicklung des Christkindlmarkts wurden nun zwei Faktoren: die allmähliche Verlagerung der bürgerlichen Schenkaktivitäten vom Nikolaustag auf den Heiligen Abend („Christabend") und – verbunden mit dem ökonomischen Aufstieg des Bürgertums – die Intensivierung des weihnachtlichen Geschenktransfers. Die Nachfrage nach entsprechenden Geschenkartikeln im Advent stieg, vor allem Spielsachen wurden nun auch verstärkt an den Marktständen angeboten, Schwerpunkt blieben aber vorerst noch die Krippen und Krippenspiele. In seiner Bildergalerie katholischer Missbräuche gibt Joseph Richter einen Eindruck von diesem geschäftigen Treiben auf dem alten Christkindlmarkt:

„Die Gassen wimmeln von Ständchen. Nüsse und Äpfel, die schon Makulatur sind, werden hier für kurante Ware verkauft. Dort stehen Krippen, Christkindchen, Hanswürste und Pantalone nebeneinander, gleich neben ihnen eine Herde von kleinen Ochs- und Eselein, die die Großen ihren Kindern nach Hause bringen."

Der als „Nikolo- und Weihnachtsmarkt" firmierende Markt auf der Freyung hatte bis 1842 Bestand – immerhin erlebte er noch den großen Wandel im Weihnachtsbrauchtum, den Wechsel von der Krippe zu Christbaum und „Baumfest", der nicht zuletzt auch das Gesicht der Marktgassen völlig veränderte: Tannengrün und bunter Christbaumschmuck begannen zu dominieren. Mit einer Magistratsverordnung vom 22. August 1843 wurde der Christkindlmarkt dann auf den Platz Am Hof verlegt; Grund dafür waren Beschwerden vonseiten der adeligen Anrainer gewesen: Sie wollten die lästigen Buden nicht länger vor den Toren ihrer Palais haben, dazu kam, dass diese auch hier verkehrsbehindernd waren. Leidtragende der neuen Regelung waren die schon seit Langem Am Hof stationierten Lust- und Ziergärtner, sie mussten nun auf den Tiefen Graben ausweichen; mit den Fiakern, die hier einen großen Standplatz hatten, wusste man sich zu arrangieren.

Der Christkindlmarkt Am Hof florierte ausgezeichnet, und die Zahl der Stände erhöhte sich rasch: Waren es auf der Freyung durchschnittlich 108 gewesen, so stieg nun ihre Zahl auf 132. Auch die relativ hohe Platzgebühr von 192 Gulden (1842) schreckte wohl niemanden ab, im Gegenteil: Ein Standl am Christkindlmarkt – geöffnet war vom 5. Dezember bis Neujahr –, und das Weihnachtsgeschäft war gesichert! Auch für die Besucher der habsburgischen Metropole blieb der Christkindlmarkt eine besondere Attraktion so meinte etwa der bekannte französische Reisende Victor Tissot, der sich im Winter 1877/78 in Wien aufhielt und seine Eindrücke in dem sehr erfolgreichen Buch Vienne et la vie viennoise veröffentlichte, dass ihn die stattliche Versammlung von Tannenbäumen am Christkindlmarkt an eine von Gustave Doré gezeichnete Landschaft im Schwarzwald erinnere.

Die Tatsache, dass allmählich Wiener „Detaillisten", also Kaufleute, die in der Stadt auch über andere Geschäftslokale verfügten, die sogenannten „Provinzialisten", Anbieter vom Land, von den Märkten der Stadt verdrängten, führte schließlich 1872 zur Aufhebung der Jahrmärkte, einzig der Christkindlmarkt Am Hof durfte weiterhin veranstaltet werden – und dies bis über das Ende der Monarchie hinaus: 1923 wurde der Christkindlmarkt wieder auf der Freyung abgehalten, 1924–1928 baute man die Hütten rund um den Stephansdom auf, nach einigen weiteren Zwischenstationen fand der Christkindlmarkt schließlich 1975 vor dem Rathaus eine neue stimmungsvolle Heimstätte.

Weihnachtseinkäufe
am Christkindlmarkt.
Kolorierter Holzstich nach
einer Zeichnung von
Wilhelm Gause, 1894

Vanillekipferl

250 g kühle Butter

100 g Feinkristall- oder fein
gesiebter Puderzucker

300 g glattes Weizen- oder
feines Dinkelmehl

120 g fein gemahlene Haselnüsse, andere Nüsse
oder Nussmischungen nach
Belieben

20 g Vanillezucker

Prise Salz

Ca. 120 g Puderzucker, mit
3 Pkg. Vanillezucker vermischt
zum Bestreuen

1. Für den Teig alle Zutaten in einer Schüssel oder auf einer Arbeitsfläche mit den Händen vermischen und rasch zu einem Teig verarbeiten. Mit Frischhaltefolie abgedeckt im Kühlschrank mindestens 2–3 Stunden rasten lassen.

2. Den Backofen auf 165–175 °C Heißluft vorheizen.

AUSFERTIGUNG I:
Teig zu länglichen, 3 cm dicken Rollen formen, mit der Teigkarte in gleich große Stücke teilen und diese dann abstechen. Mit der flachen Hand ca. 3–4 cm lange Rollen formen und zu Kipferln biegen. Auf ein vorbereitetes Backblech legen und etwa 10–12 Min. unter Aufsicht hell backen. Die noch heißen Kipferl auf dem Blech mit dem Puderzucker-Vanillezucker-Gemisch bestreuen. Auskühlen lassen und mit einer Palette vorsichtig vom Blech nehmen. Gut verschlossen aufbewahren.

AUSFERTIGUNG II MIT AUSSTECHERPLATTE:
Die Ausstecherplatte auf ein vorbereitetes Backblech legen. Den Teig ausrollen und mithilfe einer Backmatte oder dem Rollholz auf die Ausstecherplatte auflegen. Mit dem Rollholz leicht darüberrollen. Die Kekse fallen so durch die Öffnung auf das Blech. Ausstecherplatte vorsichtig abheben, den verbliebenen Teig aus den Zwischenräumen klopfen und mit kühlem Teig mischen. Weiter so verfahren, bis der Teig aufgebraucht ist. Im vorgeheizten Backofen 8–13 Min. backen.

AUSFERTIGUNG III MIT KIPFERLBLECH:
Teig mit weicher Butter zubereiten (oder einen Rührteig herstellen) und Teig mithilfe einer Teigkarte in die Vertiefungen des Kipferlblechs streichen. Dabei regelmäßig über das Blech verteilen. Überschüssige Teigreste mit der Teigkarte abstreifen. Im vorgeheizten Backofen 8–13 Min. backen und die Kipferl noch heiß vorsichtig auf die Arbeitsfläche stürzen. Dabei eher mit wenig Abstand zum Tisch arbeiten, da die Kipferl sonst aus einer zu großen Höhe herausfallen und leicht zerbrechen würden. (Leicht auf dem Tisch aufklopfen, so gleiten die Kipferl auf den Tisch.)

VARIATIONEN

— Statt ausschließlich Haselnüsse zu verwenden, etwa die Hälfte durch geriebene Mandeln oder Walnüsse ersetzen. (Walnüsse machen den Teig besonders mürbe.)

— Einen Teil der Haselnüsse durch Para-, Pekan-, Erd- oder Macadamianüsse, Pistazien, Pignoli (Pinienkerne), Sonnenblumen- oder Kürbiskerne ersetzen.

— Die Zuckermenge kann ganz nach Geschmack auch reduziert werden. (Zucker hat auf die Konsistenz keinen Einfluss!)

— Zucker auch durch Rohr-, Roh-, Gelb-, Palm- oder groben Kristallzucker ersetzen.

— Kipferl zur Abwechslung nicht zuckern, sondern mit den Spitzen in Schokoladeglasur tunken.

— Für Vanillekipferlteig mit Schokolade unter 350 g Teig ca. 80 g grob gehackte dunkle, helle oder weiße Schokoladestücke bzw. Kuvertüre mit beliebigem Geschmack (Minze, Orange, Limette, Kaffee oder Karamell) mengen oder 50 g fein geriebene Schokolade einarbeiten.

— Zusätzlich unter den Schokoladeteig noch 2 EL gut abgetropfte, in Rum eingeweichte Rosinen mengen. Diesen Teig evtl. zu Rollen formen, kurz kühl stellen und dann in Scheiben schneiden.

— Für Vanillekipferlteig mit Mohn auf etwa 260 g Teig zusätzlich 30 g Mohn einmengen.

— Für Vanillekipferlteig mit Früchten auf 300 g Teig ca. 50 g klein geschnittene, beliebige getrocknete oder kandierte Früchte untermengen.

Die Verwendung eines Kipferlblechs ist vor allem bei weich geratenem Teig anzuraten; abgesehen davon erübrigt sich dadurch das mühsame Formen mit der Hand.

Vanillekipferl, die im Kipferlblech gebacken werden, erhalten zudem eine andere Struktur, da sie durch das Backen in der Form mehr Hitze abbekommen.

Die Kipferlform braucht nicht mit Butter ausgestrichen zu werden und kann auch mehrmals ohne Waschen hintereinander verwendet werden. Gereinigt wird sie lediglich mit heißem Wasser, danach abspülen und abtrocknen. (Kein Spülmittel verwenden! Die Oberfläche nicht mit einem scharfen Gegenstand zerkratzen!)

Gebackene Kipferl vor dem Anzuckern etwas auskühlen lassen. Andernfalls schmilzt der Zucker und man muss unter Umständen noch einmal nachzuckern. Die Kipferl werden zudem etwas weniger süß, wenn sie vor dem Anzuckern schon etwas ausgekühlt sind.

Die Kipferl können auch händisch in dem Zuckergemisch gewälzt werden. Diese Prozedur ist jedoch speziell bei großen Mengen sehr zeitaufwendig und erhöht auch die Bruchgefahr um einiges.

JOSEF LEITGEB

Am Thomasmarkt in Salzburg

Der aus Bischofshofen stammende Dichter Josef Leitgeb (1897–1952), Hauptschullehrer in Innsbruck und nach dem Zweiten Weltkrieg Stadtschulinspektor in der Tiroler Kapitale, setzte in seiner Autobiografie Das unversehrte Jahr dem traditionellen Thomasmarkt in Salzburg ein berührendes Denkmal.

„So kam es auch, daß wir uns mehr als früher in der Stadt herumtrieben, und was hätte uns stärker verlocken können als die Märkte, die in die Stille des Dezembers Leben brachten? Knapp vor Weihnachten hielt man auf dem Platz vor der Johanneskirche den Thomasmarkt ab. Sein ländliches Treiben war vom Gequietsche der Schweine und Schweinchen begleitet und gemahnte auch im tiefsten Winter daran, daß die Stadt noch mitten im Bauernlande lag. Den ganzen Innrain hinauf roch es wie auf einem Waldschlag: An Seilen, die man zwischen den Alleebäumen gespannt hatte, lehnten Tausende von jungen Tannen; Äste wurden herausgesägt und an schütteren Stellen wieder eingesetzt, Kränze gewunden und täglich kamen neue Fuhren mit Christbäumen.

Nach vier Uhr flammten bereits die Lampen auf und entrückten die funkelnden Herrlichkeiten hinter den Auslagescheiben ins Unerreichbare. Aber es war schon ein echtes Glück, ins Geglitzer zu starren und die Wünsche wählen zu lassen, was immer sie freute; unsere Augen brauchten kein Geld, sie besaßen das Heißbegehrte inständiger als die Erwachsenen, die es bloß kauften.

Wunderbarer noch waren die Nachmittage, an denen die Mutter das Zeltenzeug herrichtete und die Vorbereitungen für das Weihnachtsgebäck traf. Jeden Schritt aus der Küche empfand man als Versäumnis, wir gingen ihr nicht von der Schürze, bis nicht das erste Blech voll aus dem Backrohr kam. Dann war es am schönsten, wenn es draußen schneite, der Zeiger der Uhr sich gutmütig Zeit ließ, vom Ofen daunenweiche Wärme herzog und auf dem Tisch die riesige Schüssel stand, in der nun alles Gute sich häufte: halbierte Nüsse und Mandeln, zerstückelte Kranzfeigen und Zwetschken, verzuckerte Orangenschalen, Pignoli und Haselnüsse. Das gab ein weithin duftendes Gemisch, dem die Mutter zur Würze noch zwei, drei Löffel Jamaikarum beimengte. Den Grundstock aber bildeten die aufgewiegten Kloatzen, wie die gedörrten Birnen hießen.

Das Gemengsel blieb über Nacht zugedeckt stehen, damit sich alles gegenseitig durchfeuchte und durchdufte; dann wurde es in den roggenen Zeltenteig geknetet, mit Frauenklee und Koriander gewürzt, zu Wecken geformt und gebacken. Bei der Größe der Verwandtschaft musste in gewaltigem Maßstab angetragen werden; die neue Mutter, gewohnt, ohne Spur von Geiz aus dem Vollen zu wirtschaften, war hier ganz in ihrem Element. Es kam ihr auch nicht darauf an, wenn wir beim Helfen mitunter die Schlüssel verfehlten und in den eigenen Mund gerieten. Sie überließ es gern unserem Schmucksinn, mit geschälten Mandeln die Wecken zu bekreuzen, auch wenn es sie den einen und andern der

*Zu Beginn des 20. Jahrhunderts
traten die weihnachtlichen
„Tagesfresser" ihren Siegeszug
an: Adventkalender, um 1950.
Österreichisches Museum
für Volkskunde*

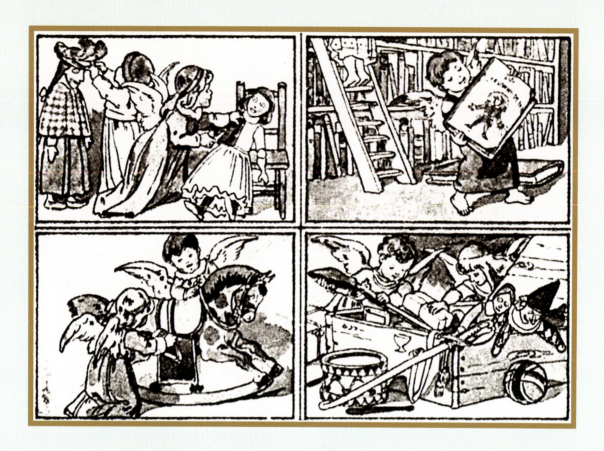

teuern Kerne kostete. In großen Stößen häufte sich in diesen Tagen das goldbraune Gebäck; hier war es unser Vorrecht, die auf das Backblech gereihten Hörnchen, Sterne, Ringe und Blättchen mit Eigelb zu bepinseln und mit einer Nußhälfte zu zieren. Bei all dieser weihnachtlichen Tätigkeit floß das Gespräch ohne Stocken, und wenn auch die Mutter des Vaters wegen oft arg bekümmert war, bei der Arbeit vergaß sie sich immer wieder, lachte und scherzte, ließ ihre saftigen Sprüche spielen und wir spürten aus ihrer ganzen Art, wie gern sie uns mochte, aus heimlichen Zeichen manchmal, wie stolz sie auf uns war.

Die Krone aller festlichen Vorbereitungen aber war nicht das Schmücken des Christbaums, der bei uns immer ein bißchen schludrig ausfiel, sondern das Aufstellen der Krippe. Auf dem Dachboden stand die große Kiste mit den Figuren und neben ihr war der zerlegte Berg aufgeschichtet, der, zusammengefügt, die ganze Länge unserer Studierkammer einnahm. Er war ein Werk Vetter Pauls, und da dieser wohl gelernt

hatte, Tisch und Stuhl zurechtzuschreinern, zum Kunsthandwerk aber nicht die geschickteste Hand besaß, fand die Mutter jedes Jahr bei der Aufstellung des Berges Anlaß, über das vierschrötige Ungetüm zu brummeln, das mit seinen grauleinenen Felsabstürzen, der sandbeleimten, überaus nüchternen Straße, die zum Stall herabführte, und den ungefügen Häuserklötzen von Bethlehem mehr dem hilflosen Inventar einer Dorfbühne als der heiligen Landschaft glich, wie sie bei anderen Krippen oft auf das kunstvollste dargestellt war. Auch der gemalte Hintergrund, von einem versoffenen Anstreicher und Lackierer lieblos hingepinselt, kostete die Mutter jedes Mal einige Seufzer der Enttäuschung und sie nahm sich zu allen Weihnachten vor, Berg und Landschaft neu zu bestellen, unterließ es aber dann doch, weil sie das Geld reute.

Dafür gab es weitum keine schöneren Figuren als die ihren. Jedes Jahr kamen Kunstverständige – manche von weit her – zu Besuch, um das köstliche Werk zu bewundern. Sie boten oft hohe Summen, hätten sich auch mit einzelnen

Stücken zufriedengegeben, stießen aber bei der Mutter auf unüberwindlichen Widerstand. Sie hing mit dem ganzen Herzen an dem Erbstück, hörte mit Stolz zu, wenn einer das Alter des Kunstwerkes auf zweihundert Jahre schätzte und davon sprach, daß es italienische Meister waren, die da jeden einzelnen Kopf aus Wachs modelliert, Hände und Füße aus Holz geschnitzt und mit lebenstreuen Farben bemalt hatten. Die Kleidung der Engel, der Heiligen Drei Könige und ihres Gefolges zeigte in handgearbeiteter Gold- und Silberstickerei barocken Prunk, Kamele und Pferde waren kostbar gesattelt und gezäumt, das Tirolerische aber kam in den Trachten der Hirten, Jäger und Fuhrleute zur Geltung, so daß sich die himmlischen und morgenländischen Herrschaften unter dem heimisch gekleideten Bergvolk wirklich als jenseitige und märchenhafte Erscheinungen ausnahmen. Da die Figuren wie Puppen gearbeitet waren, konnte man ihre Stellung verändern; so saßen die Heiligen Drei Könige am Weihnachtsabend noch auf ihren Pferden; das Gefolge paarweis reitend hinter sich, zogen sie die Bergstraße herab, vom geschweiften Stern gewiesen, der über dem Stalle stehn geblieben war. Am Dreikönigstag aber knieten sie vor der Krippe und deuteten darbringend auf die schwerbeschlagenen Kisten, in deren einer sich wahrhaftig einige Blättchen dünnsten Goldes fanden. Dem Zug des Gefolges auf seinen Kamelen wankte ein hochbeladener Botenwagen nach, wie wir sie damals noch die Brennerstraße hinauf- und herunterfahren sahen; drei Paar Pferde waren ihm vorgespannt, auf dem Handpferd ritt der Fuhrmann in blauem Kittel und lederner Kniehose.

Droben im Gebirge lag der Bauernhof, die Leute waren es offenbar gewohnt, königliche Karawanen vorbeiziehn zu sehen, sie ließen sich in ihrer Arbeit nicht stören: die Dirn butterte, der Knecht trieb das Vieh zur Tränke, die Bäurin fütterte die Hühner; aus dem Brunnen schoß das Wasser in einem glitzernden Staniolfaden. Auf dem Hügel aber, auf dem die Schafe lagerten, hatte das Wunder der Nacht wie ein Blitz eingeschlagen: da standen die Hirten vor Schreck gelähmt, die Gesichter zum Engel emporgerissen, der ihnen das Unbegreifliche verkündete.

So war das ferne Geschehnis mitten in unser Land verlegt, erhielt vertrautes Leben von ihm und sprach die Gemüter mächtig an. Am Heiligen Abend krochen wir hinter den grünen Vorhang, der die Schragen verdeckte, auf denen die Krippe stand, und zogen die kleine Spieluhr auf – klar und metallen, von perlenden Terzenläufen durchwirkt, erklang das Stille Nacht, heilige Nacht, als käme es aus spurlos verschollener Zeit."

Butterbrote

110 g glattes Weizen- oder feines Dinkelmehl

80 g Butter

100 g fein gesiebter Staub- oder Feinkristallzucker

100 g fein gemahlene Haselnüsse oder Mandeln

3 Eigelb

Prise Salz

20 g gesiebtes Kakaopulver

20 g Vanillezucker

FÜR DIE GLASUR
4 Eigelb (80 g)

140 g fein gesiebter Puderzucker

1. Für den Mürbeteig alle Zutaten in eine Schüssel geben und mit dem Knethaken vermengen oder auf einer Arbeitsplatte mit den Händen vermischen und rasch zu einem glatten Teig verarbeiten. Den Teig zu 2–3 cm dicken Stangen formen. Mit Frischhaltefolie abgedeckt im Kühlschrank etwa 2–3 Stunden rasten lassen, bis der Teig schnittfest geworden ist.

2. Den Backofen auf 165–175 °C Heißluft vorheizen.

3. Nun den Teig am besten mit einem Sägemesser in 3 mm dicke Scheiben schneiden. Auf ein vorbereitetes Backblech legen und 12–14 Min. unter Aufsicht nicht zu dunkel backen.

4. Für die Glasur die Eigelb mit Zucker schaumig rühren. Die Kekse mit einer kleinen Palette oder einem Messer auf der Unterseite mit der Glasur bestreichen, mit einem zweiten Keks abdecken und wieder auf ein Blech legen.

5. Für die Glasur die Eigelb mit Zucker schaumig rühren. Die Kekse mit einer kleinen Palette oder einem Messer mit der Glasur bestreichen und wieder auf ein Blech legen.

6. Im Backrohr bei ca. 100 °C 20–30 Min. trocknen lassen.

Advent in Wien

Mit den Augen einer welterfahrenen Frau durchstreift Frances Trollope im Dezember 1836 die vorweihnachtliche Residenzstadt, sie besucht Marktstände und studiert das Angebot in den vornehm-eleganten Luxusläden – die weit gereiste Britin, Tochter eines Vikars und geboren in Stapleton bei Bristol, stellt dem „Einkaufsplatz" Wien ein überraschend gutes Zeugnis aus. Ihr Bericht bestätigt auch, dass gut zwei Jahrzehnte nach den ersten Christbäumen in der Stadt diese nunmehr aus dem Straßenbild nicht mehr wegzudenken sind.

„Seit einigen Tagen herrscht in der ganzen Stadt ein mehr als reges Treiben, das den Vorbereitungen zum Weihnachtsfeste gilt. Die Kaufleute wetteifern untereinander, welcher von ihnen die lockendste Auswahl erlesener Dinge in ihren verschiedenen Läden auszustellen vermag. Obwohl London und Paris ausgedehnter sind und dadurch auch größere Geschäfte, sogar Ausstellungssäle zur Verfügung stehen, vermögen sie doch nichts Besseres und Schöneres zu bieten, als man hier zu sehen bekommt. In den wichtigen Artikeln, wie Shawls, Spitzen, Seidenstoffen, Atlas und anderem mehr, ist es kaum möglich, daß sie irgendwo übertroffen werden könnten. Die Gold- und Silberschmiede und die Juweliere überbieten mit ihren kostbaren Kollektionen sicher die von Frankreich und England, mit Ausnahme vielleicht der unzugänglichsten Geheimschätze von Rundel

und Bridges oder Hamlets in London. Das geschliffene Glas in den Auslagen ist über alle Vorstellung zart und schön. Man glaubt sich fast im Bannkreise eines Zauberers, so strahlend, so geschmackvoll und phantastisch in Gestalt und Farbe sind die Schöpfungen der böhmischen Glasfabriken.

Die Fenster der Zuckerbäcker prangen hier allerdings nicht mit majestätisch aufgeschichteten und prächtig verzierten Christmas-Cakes wie bei uns. Statt dessen gibt es aufgereiht Bonbonnieren aller Art, welche die Augen blenden, denn es flimmert und funkelt wie in Grotten mit tausend Kristallen. Die Kunst, in Zucker zu arbeiten, wird nirgends, selbst nicht in Paris, mit größerer Vollkommenheit beherrscht als hier. So kann man alle Früchte der Erde unabhängig von der Jahreszeit genießen und hat es doch nur mit Zuckerpflaumen zu tun. Diese Leckereien sehen auch äußerst lieblich aus. Indessen wäre ich eine Wiener Hausfrau, so würde ich nie diese pyramidenförmig belegten Tabletts unter meinen Gästen herumreichen lassen. Jedes dieser Bonbons ist zierlich in Papier gewickelt, damit es zum Munde geführt werden kann, ohne die Handschuhe zu beflecken. Die Folge aber davon ist, daß die Teppiche im Gesellschaftszimmer darunter unvermeidlich leiden, denn es ist nicht ungewöhlich, den Boden nach einigen Runden solcher Stärkungen mit diesen Zuckerpapierchen bestreut zu sehen.

Diese besonderen Vorbereitungen zum Feiern sind aber keineswegs nur auf die wohlhabenderen Klassen beschränkt. An jeder Straßenecke sieht man Frauen aus den niedrigen Ständen um Christbäume feilschen, die mit buntem Papier herausgeputzt sind. Diese Bäume werden in jeder Größe und für jeden Preis fast von jeder Familie in Wien, die noch Kinder hat, gekauft. Auch ist diese Sitte keineswegs der Hauptstadt eigentümlich; wie man mir sagt, gibt es keine Hütte in Österreich, die nicht etwas der Art hat, um diese freudenreiche Zeit zu feiern. Der Baum heißt der ‚Baum des Jesukindes‘, und an den Zweigen hängen allerlei niedliche Spielsachen, Bijous und Bonbons, welche unter die beim Feste Anwesenden verteilt werden. An den Bäumen, die auf der Straße verkauft werden, wird der Platz kostbarer Geschenke mit Äpfeln, Rosinen, Kastanien oder Pfefferkuchen behangen; alle aber sehen mit ihrem bunten Papierschmucke gefällig und feiertagsmäßig aus. Ich habe in dem Antlitze mancher armen Frau, welche zwischen Zweigen, die mit rotem, und anderen, die mit blauem Papier geschmückt waren, schwankte, genau ebensoviel Freude gesehen, wie sie nur die reichste Dame empfinden konnte, während sie die elegantesten und kostbarsten Geschenke für ihre Verwandten und Freunde aussuchte"

Spekulatius

180 g kühle Butter

210 g Gelb-, Rohr-, Roh-
oder Feinkristallzucker

80 g Sahne

2 Eigelb

Prise Salz

Schale einer ½ unbehan-
delten Zitrone (ersatzweise
Zitronenzucker, dann etwas
weniger Zucker verwenden)

6 g Spekulatiusgewürz

380 g glattes Weizen- oder
feines Dinkelmehl

1 g (1 Msp.) Hirschhornsalz

Ca. 200 g Mandelblättchen
zum Bestreuen

1. Die kühle Butter in kleine Stückchen schneiden und mit den restlichen Zutaten in einer Schüssel mit den Händen vermischen und rasch zu einem Teig kneten.

2. Nur bei Bedarf mit Frischhaltefolie abgedeckt im Kühlschrank ca. 1 Stunde rasten lassen.

3. Den Teig in kleineren Portionen auf einer leicht bemehlten Arbeitsfläche mit einem Rollholz etwa 2–3 mm dick ausrollen.

4. Den Backofen auf 155–165 °C Heißluft vorheizen.

5. Vor dem Ausstechen den Teig (am besten mit einer dünnen Palette oder Winkelpalette) von der Arbeitsfläche lösen. Mit einem speziellen Spekulatius-Ausstecher (an der Oberseite ist ein Muster bzw. eine Art Stempel eingekerbt) Kekse ausstechen.

6. Das vorbereitete Backblech mit Mandelblättchen bestreuen und die Kekse daraufsetzen. Mit dem leicht bemehlten Musterstempel das Muster aufdrücken.

7. Im vorgeheizten Backofen unter Aufsicht 10–13 Min. hellbraun backen.

8. Herausnehmen, abkühlen lassen und gut verschlossen zumindest ein paar Tage ziehen lassen (das feine Aroma muss sich erst entwickeln). Spekulatius ist kühl gelagert bis zu 5 Wochen haltbar.

Steht kein Hirschhornsalz zur Verfügung,
so kann auch die doppelte Menge Backpulver
verwendet werden.

VARIATIONEN

— Anstelle von Spekulatiusgewürz mit Lebkuchengewürz oder einer beliebigen Gewürzmischung aus Nelken, Kardamom, Muskatnuss oder -blüte, Zimt, Ingwer, Koriander, Vanille und/oder Piment aromatisieren.

— Zusätzlich beliebige getrocknete oder gedörrte Früchte untermengen, diese dafür mit etwas Mehl vermengen und in einer Küchenmaschine fein vermahlen.

— Statt Mandelblättchen Haselnussblättchen verwenden, die in Fachgeschäften erhältlich sind.

VERFEINERN

— Spekulatius vor dem Backen mit einer Eigelb-Wasser-Mischung (1:1) bestreichen und mit Mandelblättchen leicht bestreuen.

— Die Unterseite mit der Mischung bestreichen und in Mandelblättchen wenden.

ZUBEREITUNG VERÄNDERN

— Spekulatius kann auch ohne Mandeln gebacken werden, dann könnte man den Boden nach dem Backen mit Schokoladeglasur überziehen.

— Für Eilige: Die Kekse schmecken auch ohne Muster hervorragend.

— Statt der heute üblichen Metallformen können Spekulatiuskekse auch wie früher mit Holzmodeln hergestellt werden. Dazu den Teig ca. 3 mm dick ausrollen und in Modelgröße ausschneiden. Die Model leicht bemehlen und den Teig hineindrücken. Spekulatius aus der Form klopfen, bei Bedarf die Ränder mit einem spitzen Messer lösen.

Das dekorative Figurengebäck verdankt im Vergleich zum klassischen Mürbeteig seinen typischen Geschmack vor allem der erhöhten Zuckermenge. Der Zucker karamellisiert während des Backens und lässt das Gebäck – gemeinsam mit den verwendeten Gewürzen – besonders schön braun aussehen.

EDUARD VON BAUERNFELD

DER VATER AM CHRISTABEND

Ei, wie wimmeln nun die Straßen
von den froh bewegten Mengen!
Durch die dichtgereihten Massen
will sich auch ein Stiller drängen.

Seht, ein Bäumchen in den Händen,
biegt er um des Hauses Ecke,
eilt, daß er das Werk vollende
und zur Zeit es noch verstecke!

Was nun will sein Lächeln meinen,
wie er zündet jetzt das Licht?
Allen Jubel seiner Kleinen
trägt er schon im Angesicht.

Teegebäck »Schwarz auf Weiß«

210 g glattes Weizen- oder feines Dinkelmehl

130 g kühle Butter

70 g fein gesiebter Staub- oder Feinkristallzucker

Etwas abgeriebene Zitronen- schale oder Zitronenschalen- pulver

1 Eigelb

5 g Vanillezucker

Prise Salz

20–30 g fein gesiebtes Kakaopulver

1 Ei zum Bestreichen

1. Alle Zutaten – außer dem Kakaopulver – rasch zu einem Mürbeteig verarbeiten.

2. Den Teig teilen, eine Hälfte mit Kakaopulver kurz verkneten und beide Teige abgedeckt kühl 1–2 Stunden rasten lassen.

3. Von beiden Teigen jeweils etwa ein Drittel abtrennen und zu je einem ca. 3 mm dünnen Rechteck ausrollen.

4. Den verbliebenen braunen und weißen Teig zu je einem Rechteck von ca. 1 cm Stärke ausrollen und in 1 cm breite Streifen schneiden.

5. Weiße und braune Streifen mit verrührtem Ei bestreichen, zu einem Mosaik zusammensetzen und in die vorbereiteten Teig- rechtecke einschlagen.

6. Im Kühlschrank noch einmal ca. 1 Stunde rasten lassen.

7. Den Backofen auf 165–175 °C Heißluft vorheizen.

8. Dann mit einem Sägemesser kleine, 3–4 mm dicke Scheiben abschneiden. Mit genügend Abstand auf ein vorbereitetes Back- blech setzen und 10–12 Min. auf Sicht goldgelb backen. Beim Backen nicht zu viel Farbe nehmen lassen, da sonst der Schwarz- Weiß-Effekt verloren geht.

VARIATIONEN
— Teig zusätzlich mit beliebigen Aromen aromatisieren.

ZUBEREITUNG VERÄNDERN
— Teig zu je einer hellen und dunklen Rolle sowie zu einem hellen und dunklen Teigblatt verarbeiten. Dann jeweils eine dunkle Rolle in ein helles Teigblatt und eine helle Rolle in ein dunkles Blatt einwickeln. In Scheiben schneiden und backen.

Die kurze Vergangenheit
des Christbaums

Bis zum Beginn des 19. Jahrhunderts war Weihnachten ein Fest, das der gläubige Christ in der Kirche feierte – mit dem Besuch der Christmette dokumentierte er seine Verbundenheit mit dem Mysterium der Menschwerdung Jesu Christi. Wohl ging der Mette ein gemütliches Beisammensein im Kreise der Familie, in Wien das „Sabbathindl" genannt, voraus, und wohl frönte man – je nach gesellschaftlichem Stand – vor und nach dem Kirchenbesuch kulinarischen Freuden – man denke etwa an das „heilige Mahl" der Tiroler Bauern. Doch das war nicht Weihnachten, wie wir es heute kennen: Der Höhepunkt war ein individuelles religiöses Erlebnis, die Teilnahme an der heiligen Messe, das Sich-Hingeben an die frohe Botschaft des Weihnachtsevangeliums. Man feierte in der Gemeinschaft aller Gläubigen, nicht in der Familie. Unbekannt war jene spezifische „Weihnachtsstimmung", die heute Jahr für Jahr medial hartnäckig reproduziert wird und gedankenlos Frieden und Freude und Fröhlichkeit suggeriert, jener schizophren anmutende gefühlsselige Diskurs, der von weihnachtlicher Harmonie spricht, wo doch nur Vergessen und Verdrängen gemeint sein können. Und vor allem: Weihnachten war kein Fest der Kinder.

Die Säkularisierung des Weihnachtsfestes, sein „Wandel vom religiösen Kirchenfest zum profanen Familienfest" (Doris Foitzik), ging nun auch in Österreich Hand in Hand mit dem rasanten Aufstieg des Bürgertums; sich herauskristallisierende neue gesellschaftliche Strukturen – entstehend durch zunehmende Industrialisierung sowie durch das enorme Anwachsen von Berufsgruppen wie jener der Beamten und Lehrer – prägten veränderte „weihnachtliche Verhaltensmuster" (Ingeborg Weber-Kellermann). Zum Symbol dieser tiefgreifenden Veränderung des Weihnachtsrituals wurde der Christbaum, der zuerst in der habsburgischen Metropole Wien Fuß fasste. Die allgemein geläufige Formulierung, dass er eines schönen Tages in Wien „eingeführt" wurde, entspricht nicht exakt den Tatsachen: Man nahm den Christbaum in Wien vielmehr aktiv an, fügte er sich doch punktgenau in das „Anforderungsprofil" einer gesellschaftlichen Schicht, die – politisch noch ohnmächtig – alle neben der Erwerbstätigkeit verbleibende Kraft in das Wohl der Familie und vor allem in deren Reproduktionsfähigkeit investierte: Die Ideen der Aufklärung waren schließlich auch in Wien auf fruchtbaren Boden gefallen; man hatte den Wert von Erziehung bzw. Bildung für das Halten neu errungener Positionen erkannt und tat alles, um den Kindern weiterhin entsprechend gute Chancen zu vermitteln. Weihnachten wurde daher zum Fest, an dem man die Seilschaft mit den Kindern für den Wettbewerb „draußen" durch Geschenke besiegelte. Man verstärkte die Position des Christkinds, des „anonymen

Gabenbringers" (Ingeborg Weber-Kellermann), was zwar nichts mit kirchlichen Lehrmeinungen zu tun hatte, aber dafür umso besser zu einem Weihnachtsritual passte, das die Bescherung der Kinder ins Zentrum rückte – Tannengrün und brennende Kerzen ergaben dafür ein unwiderstehliches Ambiente. Den theologisch-philosophischen Rückhalt für das neue Weihnachtsfest lieferte eine kleine Schrift von Friedrich Schleiermacher, die 1806 unter dem Titel Die Weihnachtsfeier erschienen war und bei den Zeitgenossen – auch in Kreisen der Wiener Intelligenz – auf allgemeine Zustimmung stieß. Das Revolutionäre im Konzept Schleiermachers: Feste wie Weihnachten erhielten von ihm eine Schlüsselfunktion im neuen christlichen Frömmigkeitsbewusstsein zugewiesen, das sich nicht mehr auf Dogmen und fragwürdige historische Fakten zur Geschichte Jesu stützte, sondern das gefühlsbetonte gegenwärtige Erlebnis Gottes suchte. Und nicht in den Kirchen wäre dieses zu finden, sondern in der Familie, im Kreise von Frau und Kindern, in fröhlicher Geselligkeit – „weihnachtliche Frömmigkeit" und „bürgerliche Häuslichkeit" (Dieter Schellong) gingen damit jene unverrückbare Allianz ein, die bis heute unser Verständnis von Weihnachten bestimmt.

Weihnachtsfest bei einer adeligen Familie: Federlithografie, erschienen im Verlag Trentsensky, um 1833/34.
Das Blatt trug die bezeichnenden Verse: „Wie doch der Kleine den Christbaum liebt./Wohl dem, der hat; der hat, der gibt."

December.

Weihnachten im bürgerlichen Haus
um die Mitte des 19. Jahrhunderts:
Monatsbild zu Joseph Sigismund
Ebersbergs „Wiener Zuschauer", einer
„Zeitschrift für Gebildete", 1848

Die Weihnachtsparty bei den Arnsteins

Christbaum und Christkind wurden zu Symbolen des neuen Weihnachtsbrauchtums, doch sie waren nicht das Entscheidende – „revolutionär" war vielmehr die Art und Weise, wie das Fest am Heiligen Abend inszeniert wurde. Tannenbaum und Kerzenschmuck waren schon in josephinischer Zeit nicht unbekannt, allerdings pflegte man den „grünen Baum, mit brennenden Kerzen bestekket, auf welchem etwelche Pfunde candirtes Zuckerbacht glänzen" (Hägard, 1782) bereits zum Fest des heiligen Nikolaus aufzustellen; als „Nikolobäumchen" war diese Form vorweihnachtlichen Baumschmucks bis in die Biedermeierzeit üblich – im nüchternen Jargon der Volkskunde: Es gab so etwas wie eine „Altverbreitung des Christbaums in Ostösterreich". Und im protestantischen Norden war der Lichterbaum gut bekannt; Goethe erwähnt ihn in seinem Werther und Lieselotte von der Pfalz berichtet schon 1708 von einem Buchsbäumchen mit Kerzen: „Ich weiß nicht, ob ihr ein anderes Spiel habt, das jetzt noch in ganz Deutschland üblich ist; man nennt es Christkindel. Da richtet man Tische wie Altäre her und stattet sie für jedes Kind mit allerlei Dingen aus, wie neue Kleider, Silberzeug, Puppen, Zuckerwerk und alles Mögliche. Auf diese Tische stellt man Buchsbäume und befestigt an jedem Zweig ein Kerzchen; das sieht allerliebst aus und ich möchte es heutzutage noch gern sehen. Ich erinnere mich, wie man mir zu Hannover das Christkindel zum letzten Mal [1662] kommen ließ."

Radikal neu war jedoch nun die Verbindung des alten weihnachtlichen Festzeichens mit einem Schenkritual, das eine bisher unbekannte Spielregel vorgab: Die Geschenke wurden vom anonymen Gabenbringer – in Wien im Allgemeinem wohl vom „Christkind" – um den Christbaum angeordnet, die Kerzen wurden angezündet, und erst dann rief man die Kinder zur „Bescherung". Im magischen Schein des Lichterbaums, in jenem wunderbaren, unvergesslichen Moment, in dem die Bescherten das Geschenkarrangement erblickten, gewannen die Präsente neue Qualität, sie wurden gleichsam umstrahlt von der Aura des Numinosen und stellten dadurch etwas Besonderes, Einzigartiges dar. Die „Erhöhung" der an sich profanen Geschenke im Zeichen des Christbaums – das war genau jene weihnachtliche „Erfolgsformel", die der aufstrebenden bürgerlichen Gesellschaft zupass- kam. Man hatte einen Weg gefunden, „modern" zu schenken, ohne den Klimbim der Nikolauskomödie und ohne Limits – geschenkt wurden nicht mehr Äpfel, Dörrzwetschken und Nüsse, sondern alles, was nützlich, lehrreich, sinnvoll und erbauend war. „Sinnlos" freilich waren die alten Brauchtumsgeschenke geworden, obsoleter Dekor, der nur mehr aus Traditionsbewusstsein beibehalten wurde oder überhaupt verloren ging. Die Entwicklung hin zu einer immer stärkeren Kommerzialisierung der weihnachtlichen Warenproduktion war damit unwiderruflich eingeleitet.

Vor diesem Hintergrund muss auch die klassische Frage nach dem allerersten Christbaum in Österreich etwas modifiziert werden – sie muss lauten: Wann und wo gab es die ersten „Weihnachtspartys" (Helmut Paul Fielhauer) neuen Stils, die Christbaum und Bescherung in unkonventioneller Weise in den Mittelpunkt rückten? Der berühmte Bericht der metternichschen Polizeispitzel über die Weihnachtsfeier der Fanny von Arnstein in ihrem Mietpalais am Hohen Markt 1 vom 24. Dezember 1814 spiegelt die Bedeutung dieser veränderten Fragestellung wider: Nicht der Christbaum, sondern die „merkwürdige" Inszenierung des Fests wurde mit großem Misstrauen bedacht, im Polizeibericht hieß es dazu: „Bei Arnstein war vorgestern nach „berliner Sitte ein sehr zahlreiches Weihbaum- oder Christbaumfest. Es waren dort Staatskanzler Hardenberg, die Staats-Räthe Jordan und Hoffmann, Fürst Radziwill, Herr Bartholdy, alle getauften und beschnittenen Anverwandten des Hauses. Alle gebetenen eingeladenen Personen erhielten Geschenke oder Souvenirs vom Christbaum. Es wurden nach berliner Sitte komische Lieder gesungen; Frau von Münch sang Lieder vom Kasperle: Es wurde durch alle Zimmer ein Umgang gehalten mit den zugetheilten, vom Weihnachtsbaum abgenommenen Gegenständen. Fürst Hardenberg amüsierte sich unendlich; Herr von Humboldt war nicht dabei" – zweifellos musste dem gelernten Wiener, der da inkognito unter den Gästen weilte, dieses ungewöhnliche Heilige-Abend-Programm sehr seltsam vorkommen, wenngleich man mit dem Hinweis auf die „berliner Sitte" einen Gutteil davon als Exaltiertheiten der preußisch-jüdisch-protestantischen Gäste erklären konnte. Aufgabe der Polizei war es ja auch nicht gewesen, das Wesen des „Christbaumfests" auszuforschen, sondern Tun und Lassen der preußischen Delegierten am Wiener Kongress zu überwachen, in erster Linie natürlich die diplomatischen Unternehmungen des Fürsten Hardenberg. Darüber hinaus war der Salon Fannys allein schon dadurch verdächtig, dass er seit Jahren der Treffpunkt der preußischen Intelligenz in Wien war – für Wilhelm von Humboldt und die Brüder Schlegel ebenso wie für Karl von Savigny, Rahel Levin-Varnhagen oder Clemens Brentano. Für sie alle, die da aus dem Norden nach Wien kamen, war das Haus Arnstein die Attraktion der Stadt, das „Kunst-Rendezvous" schlechthin.

Die Tatsache eines „Christbaumfests" wird im Bericht des Polizeispitzels nun so beiläufig und unkommentiert erwähnt, dass daraus wohl nur ein Schluss gezogen werden kann: Diese seltsamen „Partys" nach „berliner Sitte" gab es – zumindest im Hause Arnstein – schon länger, und sie waren auch den Wienern nichts Fremdes; die vielfach kolportierte Geschichte vom „ersten Christbaum" bei Arnsteins 1814 stimmt daher vermutlich nicht – die tatsächliche Premiere des Christbaums in dieser Familie wird man wahrscheinlich einige Jahre früher ansetzen müssen! Was fehlt, ist allerdings ein verlässlicher Hinweis in den Quellen darauf: Der Salon Fannys war berühmt, hier verkehrten die glänzendsten Geister der Zeit, das Geschehen im Haus der charmanten und klugen Philanthropin blieb nicht verborgen – allein, nicht immer gab es vonseiten der Geheimpolizei ein Interesse, die verschlungenen Wege des Weihnachtsbrauchtums zu überwachen … Die Wahrscheinlichkeit, dass Fanny von Arnsteins Christbaum aus dem Jahre 1814 nicht „der erste" war, ist hoch und erhöht sich in der sorgfältigen Zusammenschau weiterer Quellen. Vergegenwärtigen wir uns kurz das politisch-gesellschaftliche Umfeld dieser Entwicklung: Noch während der Kriege gegen Napoleon Bonaparte hatte Wien als Hauptstadt eines unabhängigen „deutschen" Staates an Attraktivität für Künstler und Intellektuelle aus Nord- und Westdeutschland gewonnen – unter anderem etwa für die bereits erwähnten Brüder Friedrich und August Wilhelm Schlegel, deren Wiener Literaturvorlesungen

des Jahres 1808 grundlegend für die Theoriebildung der deutschen Romantik wurden. Dies änderte sich auch nicht, als Napoleon 1813/14 im dramatischen Ringen mit den alliierten Mächten unterlag und ins Exil nach Elba gehen musste: Die Neuordnung Europas nach über zwei Jahrzehnten blutiger Kriege ging in Wien vonstatten; der Wiener Kongress wurde zum Mittelpunkt der europäischen Diplomatie, im Tauziehen um den „Kuchen" der Sieger maßen die besten Köpfe ihre Kräfte. Staatskanzler Metternich, der „Kutscher Europas", hielt dabei die Zügel energisch fest in der Hand, unter seiner Führung entstand die „Heilige Allianz", jener Bund der Siegermächte Österreich, Preußen und Russland, der Restauration an seine Fahnen heftete und damit zwangsläufig scheiterte: Der inzwischen bereits fortgeschrittene Prozess der „Verbürgerlichung" war nicht mehr aufzuhalten – in Wien trugen gerade die zugewanderten bürgerlichen Oberschichtfamilien aus Preußen und anderen deutschen Staaten wesentlich zu dieser Entwicklung bei, indem sie dem austrozentrisch-josephinischen Weltbild der Wiener Elite bürgerlich-(deutsch) national-idealistisches Gedankengut entgegensetzten. Im Zusammenhang mit Weihnachten heißt das: Der Verbreitung des Christbaums kam im Rahmen der „Verbürgerlichung" der Wiener Gesellschaft eine ausgeprägte Indikatorfunktion zu. Die bürgerlich-„moderne" protestantische Festgestaltung, beeinflusst durch die neue Theologie Friedrich Schleiermachers, setzte sich gegen den konservativen katholischen Ritus durch, wobei die entscheidenden Impulse von „zugereisten" jüdischen und protestantischen Familien gesetzt wurden. Zum zentralen Symbol der neuen Festkultur wurde der Christbaum, im Glanz des Lichterbaums setzte ein tiefgreifender Wandel im „Inhalt" des Festes ein: Der Heilige Abend wurde zur „häuslichen Gemütsfeier" (Dieter Schellong) der bürgerlichen Familie, die Glaubensinhalte des Kirchenfests – der eigentliche Anlass – traten zunehmend in den Hintergrund.

Noch mehr „erste" Christbäume ...

Eine Schlüsselrolle bei der Einführung des Christbaums in Österreich wird im Allgemeinen Henriette von Nassau-Weilburg (1797–1829), der jungen Frau Erzherzog Carls, des Siegers von Aspern, zugesprochen. Die „schöne Protestantin" hatte es in harter Auseinandersetzung mit dem Wiener Hof durchgesetzt, dass sie auch nach der Hochzeit ihrem Glaubensbekenntnis treu bleiben durfte – nach diesem Sieg über die strenge habsburgische Familienraison ließ sie es sich auch nicht nehmen, das Weihnachtsfest des Jahres 1816 im erzherzoglichen Palais auf der Seilerstätte 30 so zu begehen, wie sie es aus ihrer Heimat kannte: mit einem festlich geschmückten Christbaum. Die Überlieferung berichtet, dass Henriette ihre Überraschung in aller Heimlichkeit vorbereitete und dafür sogar den passenden weihnachtlichen Schmuck aus dem heimatlichen Weilburg an der Lahn hätte kommen lassen – wie auch immer: Die Christbaum-Premiere wurde zu einem großen Erfolg; Schwager Kaiser Franz I. und seine Familie, traditionellerweise am Heiligen Abend als Gäste geladen, waren vom Anblick des strahlenden Lichterbaums tief beeindruckt, angeblich gab der Monarch sogar die Anweisung, auch in der Hofburg einen Christbaum aufzustellen. Doch es gab auch kritische Geister in der kaiserlichen Familie, die diese „Revolution" des Weihnachtsfestes, noch dazu initiiert von einer Protestantin, nicht guthießen – allen voran Erzherzog Johann, dem ein scharfer Blick für gesellschaftliche Entwicklungen eigen war und der nur allzu deutlich die Problematik der neuen Mode erkannte:

den allmählichen Verlust religiöser Inhalte, die Gefahr eines Abrutschens in immer exzessivere Geschenkorgien. Da er den Winter meist in Wien verbrachte, wurde er von seinem Bruder Erzherzog Carl zur Weihnachtsfeier am Heiligen Abend des Jahres 1823 in die Räumlichkeiten der Albertina eingeladen; in seinem Tagebuch notierte er über dieses wie immer von Henriette vorbereitete Fest: „(...) Abends ging ich mit Bruder Ludwig zu Bruder Carl. Da es Heiliger Abend ist, so waren alle Kinder vereinigt und was von uns da ist versammelt. Obgleich ich einige Freude hatte, alle die Kleinen, welche die Hoffnung des Hauses ausmachen, zu sehen, so verstimmte mich gleich die große Hitze durch die vielen Lichter. In früherer Zeit, als ich klein war, gab es ein Kripperl, welches beleuchtet war, dabei Zuckerwerk – sonst aber nichts. Nun ist kein Kripperl mehr! Wir sahen einen Graßbaum mit vielem Zuckerwerk und Lichteln

und ein ganzes Zimmer voll Spielereien aller Art und wahrlich manches sehr Schönes und Vieles, welches in wenigen Wochen zerschlagen, zertreten, verschleppt sein wird und welches gewiß tausend Gulden gekostet. So war das Bett für die Puppen allein, welches 400 fl. Münze soll gekostet haben. Dies verstimmte mich noch mehr. (…) Endlich als wir in das Zimmer meiner Schwägerin gingen und ich Zimmer an Zimmer durchging, keinen Fleck im Hause mehr fand, wie ich es gekannt, alles von einer Pracht mit einem solchen Aufwand gemacht sah, da wurde es mir fremd, ich fand mich so einsam und keinen frohen Blicks konnte ich mehr machen." (Zitiert nach Fielhauer.)

Bewusst oder unbewusst schwingt in dieser Tagebuchnotiz Erzherzog Johanns – „Nun ist kein Kripperl mehr!" – auch die wenig erfreuliche Erkenntnis mit, dass durch das Einsickern des Christbaums in die Wiener bzw. später auch in die österreichische Gesellschaft die habsburgische Gegenreformation eine späte Niederlage zu kassieren hatte – jener Prozess, der 80, 90 Jahre später von deutschen Weihnachtshistorikern als „Weltsieg des Weihnachtsbaums" (E. M. Kronfeld) bejubelt werden sollte, bedeutete zugleich das Aus für liebgewordene, jahrhundertealte Traditionen – vorbei war es mit Kartenspielen, mit dem Lesseln und Wahrsagen, die fromme und zugleich immens geschäftstüchtige Welt des Christbaums duldete nur mehr diesen selbst neben sich. Wie recht der kritische Habsburger übrigens mit seinen Befürchtungen hatte, zeigt ein von Gustav Gugitz zitierter Hofdamenbrief aus dem Jahre 1846: Dreißig Jahre nach jenem denkwürdigen Weihnachtsabend auf der Seilerstätte tragen die Gabentische am Hofe bereits schwer unter ihrer Last: „Nach der Tafel war Bescherung. Es standen 2 große, schön beleuchtete Tische im Salon I. kgl. Hohheit (Prinzessin Amalie von Schweden). Auf dem Einen 2 Girandoles à sept bougies Renaissance Stil, die der Prinz seiner Schwester schenkte, und eine in Silber complet eingerichtete Reisecassette pour la toilette, welche K. H. dem Prinzen schenkte. Ich erhielt einen schönen silbernen Brotkorb und 12 Vermeiltheelöffel. Nachdem wir uns an den Herrlichkeiten erfreut hatten, fuhren wir in die Burg, um der Bescherung bei der Erzherzogin Sophie (der Mutter Kaiser Franz Josephs) bei-

zuwohnen, die über alle Beschreibung glänzend ist. – Ein großer Baum, der mit hunderten von Lichtern besteckt war und dessen Zweige das schönste Zuckerwerk trugen. Daran reihten sich die mit reichen Gaben besetzten Tische der jungen Erzherzöge, die alles boten, was das Auge erfreuen und den Geist befriedigen kann. Der kl. Ludwig (Erzherzog Ludwig Viktor, 1842–1919) blieb natürlich in den Grenzen der Spielereien, diese waren so wunderschön, daß man selbst gern zum Kinde wurde. Die Damen und Herren bekamen Silber und Geschmeide, es war allgemeiner Jubel" – ein Bericht, der an Problematik gewinnt, wenn man das historische Umfeld dagegenhält: Lebensmittelteuerungen, vor allem die Erhöhung der Brot- und Fleischpreise, stürzten 1846/47 zahlreiche Wiener Familien in den Hunger …

Inkonsequent und falsch wäre es nun, den Christbaum der jungen Erzherzogin Henriette – wie dies so oft nachzulesen ist – als „ersten" in Wien zu bezeichnen; er war vielmehr der erste am Wiener Hofe, und als solcher setzte er sicherlich ein Zeichen für die „erste" Gesellschaft Wiens, den Hochadel, im Besonderen etwa für die Familie des Staatskanzlers Metternich. Tatsächlich griff man damit aber eine Entwicklung auf, die in der „zweiten" Gesellschaft, dem wohlhabenden Bürgertum, schon früher eingesetzt hatte. In dieses Bild fügt sich ein Hinweis, auf den Helmut Paul Fielhauer aufmerksam machte: Im 6. Teil des von dem Geistlichen und Juristen Johann Schwerdling herausgegebenen Handbuchs Praktische Anwendung aller vom Antritte der Regierung S. kais. königl. apostolischen Majestät Franz I. … in geistlichen Sachen (publico ecclesiasticis) ergangenen Verordnungen (Krems 1819) kam in der Rubrik „Rechte und Verbindlichkeiten des Geistlichen", § 123, folgende Information für den Klerus zum Abdruck: „Durch Verordnung der Niederösterreichischen Regierung vom 1. August 1815 wurde über das Abstämmeln und Ausgraben der Bäume zum Behuf der Frohnleichnamsprozessionen, Kirchenfeste, Weihnachtsbäume und dergleichen die genaue Beobachtung der Vorschriften des 21. und 32. § der Waldordnung vom 1. July 1813 empfohlen, übrigens aber die Kon(y)fiskazion der Weihnachtsbäume an den Linien Wiens, unter einem durch die Bankalgefälls-Administration eingeleitet."

Mit Recht weist Fielhauer in seinem Kommentar zu dieser Verordnung darauf hin, dass die franziszeische Bürokratie wohl nicht wegen eines einzelnen aktenkundigen Christbaums reagierte, sondern erst, nachdem das „Problem" einen gesellschaftlich relevanten Umfang angenommen hatte. Tatsächlich erhärtet die Passage bei Schwerdling die Annahme, dass der Bedarf an Christbäumen in den Jahren nach 1810 gestiegen sein musste, wobei der Begriff „Weihnachtsbaum" noch wenig über den eigentlichen Verwendungszweck der inkriminierten Bäume aussagt – ob sie für Bescherungsfeste neuen Stils gedacht waren oder als Nikolobäumchen, geht daraus nicht hervor.

Immerhin finden sich in den Quellen aus dieser Zeit zahlreiche Hinweise auf weitere Christbäume, die vermuten lassen, dass die Bescherung im Zeichen des Lichterbaums in den Jahren unmittelbar nach dem Wiener Kongress massiv an Boden gewann – zunächst in den Kreisen zugewanderter Künstler, Intellektueller und Adeliger.

So soll die neue Christbaum-Sitte auch in der angesehenen Familie des Freiherrn von Biegeleben gepflegt worden sein, die in der Zeit des Wiener Kongresses aus dem hessischen Darmstadt nach Wien gekommen war. Und der schwedische Schriftsteller Per Daniel Atterbom (1790–1855), der sich zum Jahreswechsel 1818/19 in Wien aufgehalten hatte, berichtete in seinen 1859 (in deutscher Sprache 1863) veröffentlichten Reiseerinnerungen über einen „angenehmen Weihnachtsabend", den er damals bei dem Landschaftszeichner Ferdinand von Olivier verbracht hätte, „verherrlicht" worden wäre die erbauliche Feier durch einen „prächtigen Christbaum und ein vom Hausvater selbst vorzüglich gemaltes

Das Christkind hat nicht enttäuscht: Puppenwagen und Puppe, Puppenküche und Bücher sorgen für glückliche Mienen ...

Transparent, Christus in der Krippe vorstellend". Ferdinand von Olivier (1785–1841), geboren in Dessau, ausgebildet in Dresden, war 1811 zusammen mit seinem Bruder Friedrich nach Wien gekommen, beide waren eng befreundet mit dem aus Königsberg stammenden Brüderpaar Ludwig Ferdinand und Julius Schnorr von Carolsfeld – ein protestantischer Künstlerkreis, in dem der Christbaum wohl schon jahrelang bekannt war, der im katholischen Wien jedoch eine Insel ohne Breitenwirkung bleiben musste. Aus Frankfurt am Main kam 1817 Jakob Alt (1789–1872), der Vater des Malers und bedeutenden Aquarellisten Rudolf von Alt (1812–1905), nach Wien. An das erste Wiener Weihnachtsfest der Familie im Dezember 1817 konnte sich Rudolf von Alt auch in späten Jahren noch gut erinnern: „An diesen Weihnachtsabend knüpft sich meine reizendste, denkwürdigste Weihnachtserinnerung. Mein Vater, der aus Frankfurt am Main stammte, brachte in diesem Jahre zum ersten Male einen Weihnachtsbaum nach Wien. 1817 kannte man in Wien noch nicht diese wonnesam-traute, erhebend-erhabene Institution. Der Weihnachtsbaum breitete damals wohl schon in Frankfurt seine lieblichen Ästlein über Kinderglück und Kinderwonne, aber noch nicht in Wien. Hier war er ganz fremd, der herrliche Baum, hier hatte man seinen goldigen Schimmer noch nicht kennen und lieben gelernt. Und wenn ich noch so alt werde, ich werde nie, nie diesen ersten, fremden Weihnachtsbaum vergessen. Plastisch und gravitätisch, milde und bezaubernd steht er vor mir – ich sehe ihn, sehe auch mich, den dummen fünfjährigen Jungen, der wahre Freudentänze um dieses neue und doch so sympathische Bäumchen aufführte, der sich nicht zu gute geben konnte über den Glanz, über den Flitter, über all die niedlichen Spielereien.

Weihnachtliche Harmonie,
die es in der Realität nicht gab:
Grußkarte aus dem Kriegsjahr 1944

Und wie bezaubernd winkten und blinkten die lieblichen Lichtlein! Wie warfen sie ihren Schein hinein in mein junges, aufnahmsfähiges Herz, wie enthusiasmierten sie mich! Noch tagelang schwärmte ich von dem neuen Baum und schwor mir, würde ich Maler, in den herrlichsten Farbentönen diesen ersten Weihnachtsbaum in Wien der Nachwelt zu erhalten, in dessen Bild all meine Gefühle, mein Gemüt hineinzulegen. Tat ich es auch? Ich glaube nicht … Und dann entsinne ich mich auch der verdutzten Gesichter meiner kleinen, winzigen Freundchen und noch kleineren Freundinnen, als ich ihnen erzählte, was Neues Papa aus Frankfurt heimbrachte. ‚Aber wieso?‘, ‚Woher?‘, ‚Warum?‘ – so erscholl es voll Neugierde in der jugendlichen Korona. Und nicht früher beruhigte sich der ungestümen Jugend Sinn, sie ruhten nicht früher, als bis ich sie hinaufgeführt zu dem Baume, der schon ganz entkleidet war, aber selbst in seiner

Du liebstes Bäumchen, höre zu:
Bald strahlst im Lichterglanze du!

86

trockenen Nüchternheit die Büblein und Mägdlein gefangen nahm. Und dieser Weihnachtsbaum, dieser Frankfurter Weihnachtsbaum des Weihnachtsabends von 1817, gehört zu meinen denkwürdigsten Weihnachtserinnerungen. Er war der erste, der in Wien seinen zauberhaften Lichterglanz ausstrahlte. Der allererste. Denn der Weihnachtsbaum wurde erst viel später in Wien eingeführt."

Fasst man all diese Hinweise und Berichte zusammen, so ergibt sich folgendes Bild: Mit den nach dem Wiener Kongress nach Wien ziehenden protestantischen Familien aus Nord- und Mitteldeutschland gelangte auch der Christbaum in die habsburgische Metropole. Innerhalb nur weniger Jahre veränderte sich damit die weihnachtliche Brauchtumslandschaft Wiens entscheidend: Der Christbaum rückte in den Mittelpunkt des festlichen Rituals, eroberte blitzschnell die wohlhabenden bürgerlichen Haushalte; der traditionelle Krippenmarkt wurde durch einen „Christbaummarkt" (Franz Grieshofer) ersetzt. Als im Dezember 1836 die englische Reisende Frances Trollope in Wien weilt, ist der Christbaum aus der vorweihnachtlichen Stadt nicht mehr wegzudenken.

Zu diesem Zeitpunkt hat der Christbaum bereits seinen Siegeszug in die Länder begonnen. In Graz ist es der Advokat und Bierbrauer Karl Bracher, der 1825 den ersten Christbaum aufstellt, in Salzburg 1826 der Spitzenhändler Koch und im gleichen Jahr erglänzt auch in Linz im Haus des Ritters von Spaun erstmals ein Christbaum. Um die Mitte des 19. Jahrhunderts hat er schließlich auch in den Innsbrucker Bürgerfamilien Fuß gefasst.Weitere Verbreitung erfährt der Christbaum vor allem über Innsbrucker Vereine, bei denen sich „Christbaum-Feiern" großer Beliebtheit erfreuen. So spendet der Frauenverein den Kinderbewahranstalten Christbäume; Turnverein und Feuerwehr halten Christbaumverlosungen ab und in den Fliegenden Blättern des Radetzky-Vereines erscheint 1852 das erste bekannte Innsbrucker Christbaumbild: „Der Christbaum des Invaliden". Die Zeichnung zeigt einen im Bett liegenden beinamputierten Kaiserjäger, über dem ein Christbaum mit brennenden Kerzen schwebt. Das dazugehörige Gedicht schildert die letzten Augenblicke im Leben des Invaliden, dessen traurige Erinnerungen an den Krieg vom Christbaum überstrahlt werden. Auf den Höfen der Bergbauern in den Tiroler und Salzburger Tälern bleibt der Christbaum jedoch bis weit ins 20. Jahrhundert hinein unbekannt.

Schokoladezwieback

80 g weiche Butter

150 g Gelb-, Roh- oder
Rohrzucker

2 Eier

240 g glattes Weizen-
oder feines Dinkelmehl

40 g Kakaopulver

120 g ganze geschälte
Mandeln

50 g etwas klein gehackte
Schokoladedrops oder
Schokolade

50 g getrocknete Preiselbeeren

½ TL Natron

Prise Salz

1. Butter mit Zucker in einer Schüssel mit dem Handmixer oder in der Küchenmaschine mit dem Schneebesen schaumig schlagen. Nach und nach die Eier unterrühren.

2. Mehl und die restlichen Zutaten entweder mit einer Teigkarte, einem Knethaken oder mit der Hand (Einweghandschuhe überziehen, dann bleibt der Teig nicht so kleben!) untermengen.

3. Teig nur bei Bedarf kurz kühl stellen.

4. Den Backofen auf 165–175 °C vorheizen.

5. Aus dem Teig 4–5 längliche, flache Rollen formen und diese auf ein vorbereitetes Backblech legen. Im vorgeheizten Backofen ca. 25 Min. backen.

6. Auskühlen lassen und währenddessen die Hitze auf 150 °C reduzieren.

7. Die Rollen mit einem Sägemesser in ca. 2 cm dicke Scheiben schneiden und mit einer Schnittfläche nach unten wieder auf das Blech legen. Nochmals ca. 10 Min. trocken ausbacken.

8. Auskühlen lassen und danach gut verschlossen lagern.

VARIATIONEN
— Anstelle von Mandeln Pistazien, Pinienkerne, Kürbiskerne, geschälte Haselnüsse, beliebige Nüsse oder eine Mischung verwenden.

— Preiselbeeren durch andere kandierte oder getrocknete Früchte ersetzen.

— Mit fein geriebener (unbehandelter) Zitronen- oder Orangenschale, Zimt, Nelken- oder Ingwerpulver aromatisieren.

— Für eine helle Variante ersetzen Sie Kakao durch Mehl oder fein gemahlene Mandeln und die Schokolade durch geschälte ganze Mandeln und Pistazien. Diese Variante könnte zusätzlich mit Anis oder Bittermandelöl aromatisiert werden.

Butterkranzerl

150 g kühle, in kleine Stücke geschnittene Butter

120 g Gelb- oder Feinkristallzucker

Prise fein geriebene Zitronenschale oder selbst hergestellter Zitronenzucker

1 Eigelb

10 g Sahne, Crème fraîche oder Sauerrahm

250 g glattes Weizen- oder feines Dinkelmehl

Verquirltes Ei zum Bestreichen

FÜR DIE FÜLLMASSE
60 g Butter

60 g Glukosesirup

120 g Feinkristallzucker

30 g Sahne

150 g Mandelblättchen

1. Für den Teig alle Zutaten in einer Schüssel oder auf einer Arbeitsfläche zuerst mit einer Teigkarte und dann mit den Händen (evtl. Einweghandschuhe überziehen) möglichst rasch zu einem glatten Teig verkneten. (Bei größeren Mengen den Teig in der Rührschüssel der Küchenmaschine mit dem Knethaken verarbeiten.)

2. Nur bei Bedarf (falls der Teig zu weich geworden ist) für ca. 30 Min. in den Kühlschrank stellen. Wird der Teig länger gekühlt und dadurch zu fest, vor der Verarbeitung wieder kurz durchkneten, damit er beim Ausrollen nicht bricht.

3. Den Teig auf einer leicht bemehlten Arbeitsfläche 2–3 mm dick ausrollen und mit einem gewellten Ausstecher Scheiben von etwa 4–5 cm Durchmesser ausstechen. Mit einem kleinen, runden, glattrandigen Ausstecher in der Mitte jedes Kekserls einen Kreis ausstechen. Kekse auf ein vorbereitetes Backblech legen.

4. Den Backofen auf 165–175 °C Heißluft vorheizen.

5. Für die Füllmasse alle Zutaten – bis auf die Mandelblättchen – in einem Topf vermengen und langsam aufkochen. Mandelblättchen zugeben und die Kreise mit der etwas überkühlten Masse füllen.

6. Im vorgeheizten Backofen 8–10 Min. hellbraun backen.

7. Ausgekühlt vom Blech lösen und gut verschlossen lagern.

VARIATIONEN
— Zusätzlich mit Zimt, Lebkuchengewürz, Kardamom, fein gemahlenem Ingwer, Löskaffeepulver oder Bittermandelöl aromatisieren.

ZUBEREITUNG VERÄNDERN
— Aus dem Teig können auch beliebig andere Formen ausgestochen werden.

— Die ausgestochenen Kreise müssen nicht unbedingt gefüllt werden; in diesem Fall mit verquirltem Ei bestreichen und vor dem Backen mit Mandelblättchen oder Hagelzucker bestreuen.

Butterspritzgebäck

220 g sehr weiche Butter

110 g Feinkristallzucker

1 Ei

Etwas Vanillezucker

Prise Salz

80 ml Milch (evtl. etwas Milch durch Rum, beliebigen Schnaps, Zitronen- und Orangensaft ersetzen)

360 g glattes Weizen- oder feines Dinkelmehl

Nach Belieben Marmelade oder Creme zum Füllen und/oder Schokoladeglasur zum Tunken

1. Butter mit Zucker hell und schaumig rühren.

2. Ei, Vanillezucker, Salz und evtl. etwas Zitronen- oder Orangensaft dazurühren.

3. Zuletzt Milch und Mehl (sowie evtl. beliebige Beigabe, siehe folgende Variationen) untermengen.

4. Den Backofen auf 165–175 °C Heißluft vorheizen.

5. Masse in einen Spritzsack mit glatter oder gezackter Tülle füllen und nach Belieben kleine Kipferl, Stangerl, Busserl oder andere beliebige Formen auf ein vorbereitetes Backblech spritzen. Dabei stets etwas Abstand einhalten.

6. Im vorgeheizten Backofen unter Aufsicht etwa 12 Min. hellbraun backen.

7. Nach Belieben die Hälfte der ausgekühlten Kekse auf der glatten Seite mit Marmelade oder Creme bestreichen und die restlichen Kekse daraufsetzen. Die Spitzen (oder die Hälfte) in Schokoladeglasur tunken.

VARIATIONEN
Die Masse je nach anderen verwendeten Zutaten (siehe Abwandlungsmöglichkeiten für Spritzgebäck) zusätzlich mit Zitronen- oder Orangenschale, Bittermandelöl, Muskatblüte (gemahlen), Anis, Zimt, Lebkuchengewürz, Kardamom, Nelken, Ingwer, Piment, Spekulatiusgewürz oder fein gemahlenem Löskaffee (in etwas heißer Milch aufgelöst) beliebig aromatisieren.

VERFEINERN
Die in Schokolade getunkten Spitzen zusätzlich noch mit Kokosflocken, Zuckerstreuseln, gemahlenen Nüssen oder Schokostreusel bestreuen.

DIE BESTEN ABWANDLUNGSMÖGLICH-KEITEN FÜR SPRITZGEBÄCK

Bringen Sie durch unterschiedliche Geschmackszutaten etwas Abwechslung in den Spritzgebäck-Reigen:

Spritzgebäck mit Kakao:
30 g Mehl durch fein gesiebtes Kakaopulver ersetzen.

Spritzgebäck mit Nüssen:
Nur 280 g glattes Weizen- oder feines Dinkelmehl verwenden, dafür 100 g fein gemahlene Haselnüsse oder eine beliebige Nussmischung verarbeiten. (Kekse in diesem Fall am besten mit Johannisbeer-, Marillen-, Orangen- oder Preiselbeermarmelade füllen.)

Spritzgebäck mit Kürbiskernen:
Nur 280 g glattes Weizen- oder feines Dinkelmehl verarbeiten und 100 g fein gemahlene Kürbiskerne zugeben.

Spritzgebäck mit Mohn:
320 g glattes Weizen- oder feines Dinkelmehl und 60 g fein gemahlenen Mohn verarbeiten. (Kekse mit Powidl-, Preiselbeer- oder Zwetschkenmarmelade füllen.)

Spritzgebäck mit Kokosflocken:
300 g glattes Weizen- oder feines Dinkelmehl mit 60 g fein geriebenen Kokosflocken verwenden.

Spritzgebäck mit Schokolade:
320 g glattes Weizen- oder feines Dinkelmehl und 60 g fein geriebene Schokolade einarbeiten.

Marmor-Spritzgebäck:
Die Hälfte der Masse mit Kakaopulver einfärben und abwechselnd mit der hellen Masse in den Spritzsack füllen.

Für Spritzgebäck, aber auch alle anderen Rührteige, verarbeitet man immer ausschließlich sehr weiche Butter; nur so gelingt der Abtrieb optimal.

Kalte Butter kann nicht schaumig gerührt werden, die Eier können nicht eingerührt werden und die Butter flockt aus. Außerdem beansprucht kalte Butter den Schnee- bzw. Rührbesen zu stark; diese verbiegen sich und verschleißen schneller.

Der Teig sollte stets sofort verarbeitet werden, da er nach der Mehlbeigabe rasch anzieht und nach längerer Ruhezeit nur noch sehr schwer aufgespritzt werden kann.

Bereiten Sie daher stets nur kleine Mengen Teig vor, damit dieser nicht zu lange stehen bleibt. Das gilt übrigens auch für Schaum- oder Schneemassen (Kokosbusserl).

Spritzgebäck lässt sich in allen nur erdenklichen Formen aufspritzen, ob als Ringerl, Busserl, Stangerl, Kipferl, s-förmig oder als kleine Biskotten.

Die Christbaum-Suche

Im Jahr 1821 kam der Schauspieler Heinrich Anschütz (1785–1865), geboren in Luckau in der Niederlausitz, nach Wien; von seiner schlesischen Heimat her gewöhnt an den hell geschmückten Tannenbaum, wollte er dieses „liebliche" Symbol auch bei seinem ersten Weihnachtsfest in der habsburgischen Metropole nicht missen – doch siehe da: Die katholischen Wiener standen seinem unschuldigen Ansinnen ziemlich hilf- und ratlos gegenüber. In seinen Erinnerungen, erschienen posthum 1866, erzählt der berühmte Burgtheatermime, Jahrzehnte hindurch ein Liebling des Wiener Publikums, von der großen Verwunderung, die er mit dem Kauf eines Weihnachtsbaums in diesem ersten Jahr seines Aufenthalts in der österreichischen Haupt- und Residenzstadt erregte.

„Ich hatte Ende 1821 das erste Christfest in Wien zugebracht. Für einen Abkömmling protestantischer Eltern gehört das Bescherungsfest und die Feier der Sylvesternacht beinahe zu den Cultusgegenständen. Auf mich hatten sie von Kindesbeinen an einen ehrwürdigen Eindruck gemacht. Die ideale Richtung meiner Natur, der Reiz, den das Wunderbare und Märchenhafte von jeher auf meine Fantasie ausgeübt hatte, ließ mich mit der Weihnachtsfeier einen poetisch religiösen Grundgedanken verbinden und die Gegenwart trat fast in den Hintergrund, wenn süß die geheimnisvolle Zeit heranrückte. Ich war immer ein großer Kinderfreund gewesen. Kaum hatte ich daher einen eigenen Haushalt gegründet, als ich mich beeilte, dem Bedürfnisse meines Herzens zu folgen und die Christbesche-rung in immer größeren Dimensionen zu begehen. Hier konnte ich über meine Kräfte verschwenden.

Als ich nun zur Weihnacht 1821 die vorbereitenden Einkäufe besorgen wollte, war ich nicht wenig erstaunt, auf beinahe gänzliches Unverständnis dieser lieblichen Feier zu stoßen. Es kostete mir Mühe ein Tannenbäumchen aufzutreiben. Als ich mein Verlangen auseinandersetzte, hörte ich an allen Verkaufsorten die verwunderte Frage: ‚Christbaumbescherung? Was ist das? Ah, Sie meinen den Niklo? …'

Ich befand mich allerdings in einem katholischen Lande, wo man eigentlich von diesem Feste keine Notiz nimmt. Es war ja in Frankreich nicht anders. Dennoch wunderte ich mich, daß das lebensfrohe, fast kindliche Wien nicht längst eine freundliche Sitte nachgeahmt hatte, welche durch die Gemahlin des Erzherzogs Karl doch schon bekannt sein mußte. Und doch hatte dieses unvergleichliche Kinderfest factisch noch keine rechte Verbreitung gefunden.

Ich war eine bekannte Persönlichkeit, meine Einkäufe und Anstalten fielen auf, ein Freundeskreis, der die Vorbereitung meiner Mysterien mit Interesse beobachtete, hatte nichts Eiligeres zu tun, als meinem Beispiel noch in demselben Jahre zu folgen, und ich kann wirklich sagen, daß mein Eintritt in Wien nicht wenig dazu beigetragen hat, das Christfest so schnell in allgemeine Aufnahme zu bringen, denn schon im nächsten Winter wurden förmliche Waldungen nach Wien geschleppt, und alle Spielwarenhändler und

Kaufleute richteten sich für die neuen Marktbedürfnisse ein …"

Bestätigt wurde Heinrich Anschütz, unter dessen Gästen am Heiligen Abend 1821 sich unter anderem auch Franz Schubert befand, später von seiner Enkelin Emilie Koberwein, die Näheres von seiner mühevollen Suche nach einem Weihnachtsbaum zu berichten wusste:
„Mein Großvater kam bekanntlich 1821 mit seiner Familie nach Wien. Er war aus seiner Heimat gewohnt, am heiligen Christabend einen Christbaum auf dem Tische aufzustellen, der mit Flitterwerk geziert war, und die an demselben angebrachten Kerzen vor dem Abendessen anzuzünden. Damals gab es in Wien noch keinen Christkindelmarkt und waren auch keine Tannenbäume in der Stadt zu kaufen. Mein Großvater fuhr also selbst in eine benachbarte Ortschaft, ich glaube in die Brühl bei Mödling – ganz genau weiß ich dies nicht mehr –, gab einem Bauern ein gutes Trinkgeld und brachte dafür einen mittelgroßen Tannen- oder Fichtenbaum mit nach Hause, den er zuerst vor den Kindern verbarg und dann heimlich schmückte, und am Christabend wurde derselbe angezündet und hierauf die Familie in das bisher verschlossene Zimmer eingelassen. Am Fuße des Christbaumes war eine kleine Krippe aufgestellt mit der heiligen Familie, dem Gloriaengel, den Hirten im Tale und der Erde usw. Der Großvater hielt dann gewöhnlich eine kurze, herzliche Ansprache, nach welcher alle Familienmitglieder und die Dienstboten Christgeschenke erhielten. Ob ein Choral gesungen wurde, erinnere ich mich nicht; ich wohnte als kleines Kind nur in den letzten Jahren der Familienfeier bei, die mir unvergeßlich blieb."

Alles dreht sich um den Christbaum: Weihnachten im Kloster. Gemälde von Ernst Nowak (1851–1919). Öl auf Holz, 1894. Kunsthandel Giese & Schweiger, Wien

Schneestangerl

130 g weiche Butter

50 g Feinkristall- oder fein gesiebter Puderzucker

1 Pkg. Vanillezucker

Etwas fein geriebene unbehandelte Zitronenschale

110 g glattes Weizen- oder feines Dinkelmehl

20 g Speisestärke (Maizena)

Prise Salz

Evtl. Puderzucker zum Bestreuen

Evtl. Himbeer-, Preiselbeer-, Orangen- oder Marillenmarmelade zum Füllen

1. Den Backofen auf ca. 165 °C Heißluft vorheizen.

2. Butter mit dem Zucker und Vanillezucker schaumig rühren.

3. Die restlichen Zutaten einmengen und kurz durchrühren.

4. Masse rasch in einen Spritzsack einfüllen und sofort (Masse zieht schnell an und lässt sich dann nur noch sehr schwer dressieren) kleine Stangerl, Busserl oder Sterne mit etwas Abstand auf ein vorbereitetes Backblech aufspritzen.

5. Je nach Größe 12–15 Min. backen.

6. Herausnehmen und überkühlen lassen. Nach Belieben mit Puderzucker bestreuen und/oder je 2 Schneesterne mit Marmelade füllen und zusammensetzen.

VARIATIONEN
Anstelle von Maizena Puddingpulver verwenden.

VERFEINERN
Schneesterne mit Schokoladeglasur verzieren oder darin eintunken.

Wenn der Teig einmal nicht sofort verarbeitet werden kann, so kann er auch kühl gestellt und wie Mürbeteig ausgestochen werden.

Windbäckerei (Baiser)

3 Eiweiß

130–160 g Puderzucker

Spritzer Zitronensaft

Prise Salz

Puderzucker oder Mandelblättchen zum Bestreuen

1. Eiweiß mit der Hälfte des Zuckers, Zitronensaft und einer Prise Salz in einer Schüssel über einem Wasserbad bis ca. 50 °C cremig schlagen. Dann von der Hitze nehmen, restlichen Zucker untermischen und steif ausschlagen.

2. Den Backofen auf 90 °C vorheizen.

3. Nun die Masse in einen Spritzsack mit glatter oder gezackter Tülle füllen und kleine Gebäckstücke in beliebiger Form (Ringerl, Busserl, Stangerl, Krapferl etc.) mit etwas Abstand auf ein vorbereitetes Backblech dressieren (aufspritzen).

4. Nach Belieben mit Puderzucker oder Mandelblättchen bestreuen und im vorgeheizten Backofen bei offenem Zug (Backofen bleibt einen Spalt offen, indem man z. B. einen Kochlöffel zwischen Tür und Rahmen klemmt, damit es zu keiner Dampfentwicklung kommt) 2–4 Stunden antrocknen lassen. Je nach gewünschtem Grad der Trockenheit (siehe dazu Tipp auf der Folgeseite) bei Bedarf noch 1–2 Stunden bei ca. 50 °C nachtrocknen lassen. Die Masse sollte aber dabei nicht zu braun werden! (Nimmt sie leicht Farbe, dann Temperatur drosseln.)

5. Gut verschlossen aufbewahren, denn Windbäckerei zieht schnell Feuchtigkeit an.

VARIATIONEN

— Unter die fertige Schneemasse 2 EL fein gemahlene geröstete Mandeln oder beliebige Nüsse unterheben.

— In die Baisermasse ½–1 EL fein gesiebtes Kakaopulver einmengen.

— Mit beliebigen Aromen wie Vanille, Anis, Bittermandel, Zimt, Lebkuchengewürz, Löskaffee oder Punschgewürz abschmecken.

— Masse mit Lebensmittelfarbe einfärben.

VERFEINERN

— Gebäckstücke vor dem Backen noch mit etwas fein gesiebtem Kakao bestäuben, dabei nach Belieben auch eine dekorative Schablone verwenden.

ZUBEREITUNG VERÄNDERN

— Für Baiser-Halbschalen die Masse auf eine umgedrehte halbrunde Silikonform aufspritzen und wie beschrieben trocknen lassen.

— Jeweils 2 Baisers mit beliebiger Ganachecreme füllen – aber immer erst kurz vor dem Verzehr!

Für eine längere Lagerung zwar keinesfalls geeignet, dafür umso besser im Geschmack ist Windbäckerei, die nicht völlig durchgebacken wurde, sondern im Kern noch wachsweich geblieben ist. Soll Baisergebäck länger gelagert werden, so muss die Masse durchgebacken werden und trocken sein, gegebenenfalls also noch länger im Backofen bleiben.

Baiser eignet sich auch sehr gut als Beigabe zu Desserts und Eis.

Kokosbusserl

3 Eiweiß

150 g Feinkristallzucker

1 cl Zitronensaft

30 g Honig

200 g fein geriebene Kokosflocken (am besten kurz geröstet und ausgekühlt)

1. Eiweiß mit Zucker, Zitronensaft und Honig sehr schaumig schlagen.

2. Kokosflocken untermengen.

3. Masse in einen Spritzsack mit glatter Tülle füllen und kleine Busserl mit Abstand auf ein vorbereitetes Backblech dressieren. Nach Belieben 1 Stunde rasten lassen.

4. Den Backofen auf 165–175 °C Heißluft vorheizen.

5. Im vorgeheizten Backofen 10–12 Min. hellbraun backen.

VARIATIONEN

— Masse mit Zimt aromatisieren.

— Einige Tropfen Bittermandelöl untermengen.

— Zum Einfärben noch etwas Kakaopulver einrühren, dieses aber von der Kokosmenge abziehen.

— Masse mit ¼ TL fein gemahlenem Zitronengras und evtl. noch etwas Zitronenschale verfeinern.

VERFEINERN

— Für fruchtige Kokosbusserl sehr klein gehackte getrocknete, kandierte oder gedörrte Früchte wie Ananas, Datteln, Feigen, Zwetschken, Marillen, Äpfel etc. unter die Masse mengen. Achtung: dabei auf die Tüllengröße achten, damit die Masse auch durchgedrückt werden kann!

ZUBEREITUNG VERÄNDERN

— Anstelle von Busserln auch Ringerl oder beliebig andere Formen aufdressieren.

— Auf die Kokosbusserl vor dem Backen je eine ganze oder halbierte, gut abgetropfte Amarenakirsche setzen.

Bereiten Sie keine zu große Menge zu, da die Masse bei längerer Stehzeit anzieht und dann nur noch sehr schwer dressiert bzw. nur mit einem Löffel geformt werden kann!

Wie gut oder weniger gut Kokosbusserl gelingen, kommt auch darauf an, wie lange die Masse anzieht bzw. ob sie sofort oder erst nach einer Rastzeit gebacken wird. Finden Sie heraus, welche Methode Ihnen am besten schmeckt!

Weihnachtsbescherung bei der Fürstin Metternich

Im September 1836 trifft eine der ungewöhnlichsten Frauen des 19. Jahrhunderts, die englische Schriftstellerin und unermüdliche Reisende Frances Milton Trollope (1780–1863), in Wien ein. Obwohl sie im Jahr zuvor ihren Mann und zwei Kinder verloren hat, ist sie vom Abenteuer eines Wien-Aufenthalts nicht abzubringen. Da sie als überzeugte Konservative gilt, gelingt es ihr über den englischen Gesandten ohne Schwierigkeiten, Zutritt zur Familie des Fürsten Metternich zu finden. Melanie Metternich notierte in ihrem Tagebuch über die 56-jährige Britin: „Sie ist eine gutmütige Frau, sehr einfach und natürlich, eine aufmerksame Zuhörerin und für jeden Beweis von Teilnahme dankbar. (…) Sie hat die Eroberung meines Mannes und er, wie mir scheint, auch die ihrige gemacht" – eine gegenseitige Sympathie, die zur Folge hat, dass Frances Trollope am Heiligen Abend 1836 zur Weihnachtsfeier der Fürstin Metternich geladen wird.

„Einer der Vorzüge der Wiener Gesellschaft ist, daß man sich pünktlich zur festgesetzten Stunde einfindet: eine Gewohnheit, die wir, leider, nicht mit uns brachten, denn wir kamen häufig auch bei Veranstaltungen zu spät, so daß wir manchmal den Anfang versäumten. So war es auch am Heiligen Abend. Aus Furcht, zu früh zu kommen, entging uns das erste glückliche Hereinstürmen der Kinder, nachdem das Zeichen gegeben wurde, daß der ‚Christbaum' angezündet sei. Leider erreichten wir die Gesellschaft erst, als alles, was zu dieser reizenden Feier gehörte, schon im vollen Gange war.

I

Der große runde Eßtisch stand in der Mitte des großen Salons und auf demselben ein Fichtenbaum, der fast bis zur Decke reichte. Auf den Zweigen desselben waren unzählige kleine Wachslichter angebracht, so wie die Andächtigen damit den äußeren Rand der Heiligtümer, vor denen sie beten, zu schmücken pflegen. Über, um und unter dieser funkelnden Milchstraße von kleinen Sternen hing an bunten Bändern eine unzählige Menge von Bonbons und anderen niedlichen Dingen, die in ihren Strahlen glänzten. Sie losmachen und sie unter die Gesellschaft verteilen, war für den Schluß der Feier vorbehalten; einstweilen aber umstand ein schöner Kreis von Kindergesichtern, strahlend vor Wonne, den großen Tisch, wo sie in dem einen Augenblick den funkelnden Glanz des Baumes betrachteten und in dem andern mit noch größerem Entzücken jedes ein Geschenk von dem reichen Überflusse an Spielsachen erhielt, die entweder den Tisch bedeckten oder rings um ihn aufgestellt waren. Alsbald wurde die Scene noch lebendiger. Hier wurde ein großes hölzernes Pferd durch seinen glücklichen Besitzer in lebhafte Bewegung gesetzt. Dort war ein Kegelspiel in voller Tätigkeit. Auf der einen Seite ließ ein kleiner Prinz in vollem Kutscherkostüm seine Peitsche über die Köpfe seiner hölzernen Pferde knallen, und auf der andern machte ein liebliches kleines Mädchen Bekanntschaft mit einer prächtigen Puppe. Winziges Teegeschirr und Tischgeschirr, Kabinette und Bibliotheken en miniature und eine Welt von andern Dingen, an die ich mich

nicht namentlich zu erinnern vermag, war
schnell unter eine so glückliche Schar niedlicher
Geschöpfe verteilt, als nur je an einem Christ-
abende blickten und vor Freude strahlten.

Unter ihnen war die Herrin des Festes nicht die
am mindesten bezaubernde. Es gibt Menschen,
welche, wenn sie Freude gewähren, in ihrem
eigentlichen Element zu schweben scheinen und
dabei zu einem innigeren Gefühle des Lebens
und der Lust erwachen als bei jeder anderen
Veranlassung. Die Fürstin Metternich gehört zu
diesen himmlischen Wesen, und ich weiß aus
guter Hand, daß sie dies nicht bloß an einem
jour de fête beweist. Außer den schönen Metternichschen Kindern war eine zahlreiche Fami-
liengesellschaft versammelt. Die Gräfin Zichy-Fer-
raris, Mutter der Fürstin, die Gräfin Szechenyi
und die Fürstin Odescalchi, zwei andere ihrer
Töchter, dann der Graf und die Gräfin Sandor,
welche Dame eine Tochter des Fürsten Metternich von seiner ersten Gemahlin ist, befanden
sich darunter.

Nachdem an alle Kinder Geschenke ausgeteilt
worden waren, bemerkte ich, daß der Baum
sein Licht auf andere Beweise der Zuneigung
und des Wohlwollens werfe. Viele sehr elegante
Geschenke wurden von der Fürstin unter ihre
Umgebung verteilt. Niemand der Anwesenden
war vergessen, und das schöne Stammbuch,
welches sie mir gab, war mir doppelt willkom-
men – erstens, weil es ein Geschenk von ihr
war, und zweitens, weil es mir guten Anlaß zum
Sammeln von Autogrammen gab, welche auch
ein weniger kostbares Buch wertvoll gemacht
hätten. Nachdem der Tisch von seinen vielen
und verschiedenartigen Schätzen geräumt worden war, wurde der Baum nicht ohne Schwierig-
keit auf den Boden gehoben und die an seinen

erleuchteten Zweigen hängenden Bonbons
herabgenommen und unter die tanzende und
jubelnde kleine Schar verteilt, welche ihrer harr-
te. Während ich den Glanz und die sinnreichen
Verzierungen des Baumes bewunderte, sagte
die Fürstin zu mir: ‚Der Portier unten hat auch
einen solchen Baum, und verlassen sie darauf,
er hat genau einen so glücklichen Kreis um sich,
wie es der meinige ist.'"

In dieser Einschätzung täuschte sich die Fürstin
jedoch: In den ärmeren und armen Familien
war der Tannenbaum um 1830 noch immer
etwas Ungewöhnliches und wenig bekannt. Erst
in den folgenden beiden Jahrzehnten – bis zur
Revolution von 1848 – eroberte der Christbaum
auch die kleinbürgerlichen Haushalte, etablierte
er sich quer durch alle Gesellschaftsschichten
endgültig als das weihnachtliche Festsymbol
schlechthin. Frisch geschnittene Christbäume
beherrschten von nun an zur Adventzeit das
Weichbild der Stadt; um 1900 sollen alljährlich über eine Million Christbäume nach Wien
gebracht worden sein; besonders gute Geschäfte
machten dabei die Verwaltungen der Fürstlich
Liechtenstein'schen und Schwarzenberg'schen
Wälder, zahlreiche Bäume kamen aus Böhmen,
Mähren und Ungarn, ja, selbst aus den weiten
Forsten des abgelegenen Siebenbürgen gelangten junge Fichten und Tannen in die habsburgische Residenz.

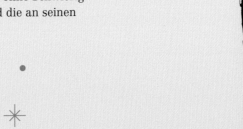

Vanilleküsschen (Anisküsschen)

3 Eier

170 g Feinkristall-, Gelb- oder fein gesiebter Puderzucker

40 g Vanillezucker, am besten selbst hergestellt, oder ausgekratztes Vanillemark

180 g glattes Weizen- oder feines Dinkelmehl

Prise Salz

Etwas fein geriebene unbehandelte Zitronenschale

Anis für Anisküsschen

1. Eier, Zucker und Vanillezucker in einer Schüssel über Dampf ca. 10 Min. warm (auf ca. 40 °C) sehr hell und dickschaumig aufschlagen.

2. Vom Dampf nehmen und ca. 8 Min. kalt schlagen.

3. Mehl, eine Prise Salz sowie die Zitronenschale einmengen und die Masse in einen Spritzsack mit glatter Tülle füllen.

4. Den Backofen auf ca. 40 °C vorheizen.

5. Kleine Tupfen oder Küsschen mit etwas Abstand auf ein vorbereitetes Backblech dressieren. Für Anisküsschen mit Anis bestreuen.

6. Im warmen Backofen ca. 1 Stunde antrocknen lassen, bis sich eine Haut bildet (diese ist wichtig, damit beim Backen ein schöner »Fuß« entsteht, von dem sich dann die Teigmasse etwas abhebt).

7. Hitze auf 180–190 °C Heißluft steigern und etwa 8–10 Min. unter Aufsicht backen.

VARIATIONEN
— Masse mit Zimt, Nelken- oder Ingwerpulver, Lebkuchengewürz, Orangenschale oder Bittermandelöl etc. aromatisieren.

Vom Christkinde

Als 21-jähriger Student der Mathematik war Adalbert Stifter 1826 nach Wien gekommen, lernte hier seine Frau Amalie Mohaupt kennen und verdiente seinen Lebensunterhalt mehr schlecht als recht als Vorleser und Hauslehrer; erst 1840 gelang ihm mit Erzählungen der Durchbruch als Dichter. In seiner berühmt gewordenen Stadtbeschreibung aus dem Jahre 1844 (Wien und die Wiener in Bildern aus dem Leben) konnte er auf den Christbaum bereits als selbstverständliches Requisit zurückgreifen.

„Ist Pfingsten das liebliche Fest und Ostern das erhabene, so ist Weihnacht das herzinnige. Es ist das Fest des Kindes, des ewigen, des heiligsten, des allmächtigen, des liebreichsten Kindes, des Königs der Kinder. Und in welche Zeit des Jahres fällt das Fest! Wenn zu Pfingsten alles grünt und duftet, wenn zu Ostern Feld und Garten und Wald sich zu dem holden Lenze rüsten, so ist die Weihnacht zu der Zeit des kürzesten Tages und der längsten Nacht. Und dennoch, wie ahnungsreich und herzerfüllend ist die Zeit! Wenn der tiefe, weiße, makellose Schnee die Gefilde weithin bedeckt und an heitern Tagen die Sonne ihn mit Glanz überhüllt, daß er allerwärts funkelt; wenn die Bäume des Gartens die weißen Zweige zu dem blauen Himmel strecken und wenn die Bäume des Waldes, die edlen Tannen, ihre Fächer mit Schnee belastet tragen, als hätte das Christkindlein schon lauter Christbäume gesetzt, die in Zucker und Edelsteinen flimmern: so schlägt das Gemüt der Feier entgegen, die da kommen soll. Und selbst wenn düstre, dicke

A Nebel die Gegend decken oder in schneeloser Zeit die Winde aus warmen Ländern bleigraue Wolken herbeijagen, die Regen und Stürme bringen, und wenn die Sonne tief unten, als wäre sie von uns weg zu glücklicheren Ländern gegangen, nur zuweilen matt durch den Schleier hervorblickt, so würden fromme Kinder den Glanz durch den Nebel oder durch die bleigrauen Wolken ziehen sehen, wie das Christkindlein durch sie hinschwebt, wenn sie nur eben zu der Zeit hinaussähen, da das Christkindlein vorüberschwebt; denn das Christkindlein rüstet sich auch schon lange Zeit zu seinem Geburtsfeste, um den Kindern zu rechter Zeit ihre Gaben zu bescheren. Und endlich kommt die heilige Nacht. So kurz die Tage sind, so hat doch an diesem Tage die Nacht gar nicht kommen wollen und immer dauerte der Tag. Das Christkind aber gibt die Gaben nur in der Nacht seiner Geburt. Und sie ist jetzt gar wirklich gekommen, diese Nacht. Die Lichter brennen schon in dem schönen Zimmer der Stadtleute, auf der Leuchte in der Stube der alten Waldhütte brennt der Kien oder es brennt ein Span in seiner eisernen Zange auf einem hölzernen Gestelle. In dem Zimmer mit den Lichtern oder in der Stube mit dem brennenden Kien oder dem brennenden Span harren die

Zum Engel stilisiert: Mädchen schmückt den Weihnachtsbaum. Handkoloriertes Glasdiapositiv, um 1910

Kinder. Da kommt die Mutter und sagt: ‚Das Christkindlein ist schon dagewesen.'

Und nun öffnen sich die Flügeltüren und die Kinder und alle, die gekommen sind, die Freude zu teilen, gehen in das verschwiegene Zimmer. Dort steht der Baum, der sonst nichts als grün gewesen ist. Jetzt sind unzählige flimmernde Lichter auf ihm und bunte Bänder aus Gold und unbekannte Kostbarkeiten hängen von ihm nieder. Und der Gaben ist eine Fülle auf ihm, daß man sich kaum fassen kann. Die Kinder sehen ihre liebsten Wünsche erfüllt und sogar die Erwachsenen und selbst der Vater und die Mutter

haben von dem Christkinde Geschenke erhalten, weil sie Freunde der Kinder sind und die Kinder lieben. Die Bangigkeit der Erwartung geht jetzt in Jubel auf und man kann nicht enden, sich zu zeigen, was gespendet worden ist. Man zeigt es sich immer wieder und immer wieder und freut sich, bis der Erregung die Ermattung folgt und der Schlummer die kleinen Augenlider schließt.

Und wenn die Millionen Kinder, die in dieser Nacht beteilt worden sind, schon in ihren Bettchen schlummern und ihr Glück sich noch in manchem Traume nachspiegelt und nun von dem hohen Turm des Domes in der großen Stadt die Schläge der zwölften Stunde der Nacht herabgetönt haben, so erschallt das Geläute der Glocken auf allen Kirchtürmen der Stadt und das Geläute ruft die Menschen in die Kirchen zum mitternächtlichen Gottesdienste. Und von allen Seiten wandeln die Menschen in die heiligen Räume. Und in dem hohen gotischen Dome strahlt alles von einem Lichtermeer; und so groß das Lichtermeer ist, das weit und breit in den unteren Räumen des Domes ausgegossen wird, so reicht es doch nicht in die Wölbung empor, in welche die schlanken Säulen oben auseinandergehen, und in jenen Höhen wohnt erhabene Finsternis, die den Dom noch erhabener macht. Der hohe Priester des Domes und die Priesterschaft feiern den Gottesdienst. Und so heilig ist das Fest, daß an diesem, und nur an diesem allein, jeder katholische Priester dreimal das heilige Meßopfer vollbringen darf. Und wenn schon die Baukunst in den zarten Riesengliedern des Domes dem Gottesdienste als Dienerin beigegeben ist, wenn die tiefe Pracht der kirchlichen Gewänder dem Feste Glanz gibt: so tönt auch die Musik in ihren vollen Wellen und in kirchlichem Ernste, von dem Chore tadellos dargestellt, hernieder. Und wenn die heilige Handlung vorüber ist, zerstreuen sich Priester und Laien, die Lichter werden ausgelöscht und der Dom ragt finster

zu dem Monde, wenn er am Himmel scheint, oder zu den Sternen oder gegen die dunklen, schattenden Wolken. Und wie in dem Dome, so wird in allen Kirchen der großen Stadt mit den Mitteln der Kirche das heilige Mitternachtsfest gefeiert, soweit die Mittel und der Eifer und die Andacht reichen. Und in jeder Kirche ist die gläubige Menge und feiert das Fest.

Wie um Mitternacht in der Weihnacht die Glocken der großen Stadt zum Gottesdienste rufen, so rufen auch in derselben Stunde alle Kirchenglocken der kleineren Stadt, der kleinsten Stadt, des Marktfleckens, des Dorfes, es rufen die Glocken aller Kirchen zu dem heiligen Feste. Und es sind Millionen Tempel, in denen man das Geburtsfest des heiligen Kindes begeht. Und wie die Mitternacht von Osten gegen den Westen herüberrückt, so rückt das Geläute von Osten gegen den Westen, bis es an das Meer kommt. Dort macht es eine Pause und beginnt nach einigen Stunden jenseits des Ozeans. Am nächsten Tag haben die Menschen ihre festlichen Gewänder an, es ist Weihnachtstag. Der Taggottesdienst wird noch gehalten und in der ärmsten Hütte wird auf den Mittagstisch gestellt, was die Kräfte vermögen. Und wie an diesem Tage das Heil in die Welt gekommen ist, so wird von ihm an auch wie zur Versinnbildlichung der Winter, wenn gleich kälter, doch klarer, die Tage wachsen und alles zielt auf ein fröhliches Auswärts."

ANONYM

O MEIN ALLER-LIEBSTES JESULEIN

O mein allerliebstes Jesulein,
Wie hart hat man di beth,
Viel zu schlecht ist dieses Krippelein
Der höchsten Majestät.
Du Herr und Gott sollst leiden Noth,
Mein Hertz vor Lieb mir schon gantz vergeht.

O mildreichstes Kind, ligst auff dem Heu
Ein Herr der gantzen Welt
Ligst in Elend und Armuthey
Ein Gott, der all erhelt
In Kinds-Gestalt bist ewig alt,
Dein Zeit und Jahr hat niemand gezelt.

Unaussprechlich leidt das zarte Kind,
Doch klagen kan es nicht,
Dringen durch den Leib die kalten Wind',
Der scharpffe Luft einbricht:
Ohn Hülff und Trost fließen vor Frost
Die nasse Äuglein im Angesicht.

Hast du doch zuvor wohl kennt das Land,
Wie wild man procediert,
Wer dir auch der Menschen Art bekand,
Wie hast du dann verirrt.
Was geschehen ist, hab alls vorgwist
O Lieb, o Lieb, du hast ihn verführt.

O Hertzliebes Kind, du edler Schatz
Schön über Engels Zier,
Hast dann in der weiten Statt kein Platz
Kein Winckel zum Quartier.
Mein Hertz nimb an, darinnen wohn,
Sey du hinfüro das Hertz in mir.

Denn ich alles hab, wann ich dich hab
Von dir ich mich nicht wend,
Gib, dass ich dich lieb bis in mein Grab,
Dann stirb ich wohl content
O dass ich mög ewig sein.
Die Lieb soll haben kein Zill und End.

✦

Maronistangerl

120 g weiche Butter

80 g Feinkristall-, Gelb- oder fein gesiebter Puderzucker

Prise Salz

40 g Vanillezucker (am besten selbst hergestellt)

1 Eigelb

250 g Maronipüree aus der Dose oder tiefgekühlt

130 g glattes Weizen- oder feines Dinkelmehl

Helle oder dunkle Schokoladeglasur zum Tunken nach Belieben

1. Die weiche Butter mit Zucker, einer Prise Salz und Vanillezucker schaumig rühren. Eigelb zugeben und das Maronipüree unterrühren. Zuletzt das Mehl unterheben.

2. Den Backofen auf 165–175 °C Heißluft vorheizen.

3. Nun die Masse in einen Spritzsack mit gezackter Tülle füllen und kleine Stangerl oder Kringerl nicht zu knapp nebeneinander auf ein vorbereitetes Backblech auftragen.

4. Im vorgeheizten Backofen 10–12 Min. auf Sicht, d. h. unter Beobachtung, backen.

5. Nach Belieben die Enden in helle oder dunkle Schokoladeglasur tunken und beliebig verzieren.

VARIATIONEN
— Für einen intensiveren Vanillegeschmack evtl. noch etwas Mark einer Vanilleschote zugeben.

— Die Masse zusätzlich mit Muskatnuss, Nelkenpulver oder Zimt aromatisieren oder mit etwas Kakaopulver einfärben.

VERFEINERN
— Evtl. jeweils 2 Stangerl mit Preiselbeermarmelade zusammensetzen.

— Kleine Busserl aufspritzen und eine geviertelte oder halbierte, gut abgetropfte Amarenakirsche in die Mitte eindrücken und erst dann backen.

Wenn Sie die Stangen etwas länger formen, haben Sie eine ausgezeichnete Beigabe für Desserts und Eisspezialitäten, wie etwa Vanilleeis mit Amarenakirschen.

Der Ochsen Weissagung

Am Heiligen Abend versorgten die Bauern ihr Stallvieh mit besonderer Aufmerksamkeit. Die Tiere erhielten eine reichliche Maulgabe, meist mit einem Stück Brot, das mit Weihwasser besprengt wurde, und Palmkatzerln sowie frische Streu – wer ansonsten nur Laubstreu verwendete, geizte an diesem Abend nicht mit wunderbar trockenem Stroh. Am Christmorgen ließ man sie vielfach teilhaben am Segen der „heiligen Nacht": In manchen Kärntner Gegenden gab man ihnen „Wacholderleck", ein Gemisch aus Gersten- und Bohnenschrot, dem man gedroschene Wacholderzweige beimengte, andernorts „Mettenheu", das man im Freien gelagert hatte, damit es vom Tau der Christnacht benetzt würde, oder auch ein eigenes Brot, das man aus allen verfügbaren Getreidearten gebacken hatte. In Dietmanns im Waldviertel pflegte man beim Dreschen die letzte Hafergarbe für die Tiere zu Weihnachten aufzusparen.

Am Abend, vor dem gemeinsamen großen Gebet, räucherte man den Stall auch wieder aus, um die bösen Geister fernzuhalten. Man glaubte, dass die Tiere in dieser Nacht für eine oder auch mehrere Stunden die Fähigkeit hätten, in menschlicher Sprache zu reden und sich bei dieser Gelegenheit die Ereignisse des kommenden Jahres erzählen würden. Wer es geschickt anfing und den Heiligen Abend streng als Fasttag eingehalten hatte, konnte, wie die folgende Sage zeigt, die Tiere sogar belauschen und Wichtiges in Erfahrung bringen:

Vor langen Zeiten besaßen die Tiere die Gabe, in der Heiligen Nacht zwischen elf und zwölf mit menschlicher Stimme zu reden. Damals diente bei einem Bauern ein fleißiger und treuer Knecht, der ging einmal zu Weihnachten um halb zwölf in den Stall und legte sich schlafen. Kaum aber hatte er sich zur Ruhe begeben, als einer der beiden Zugochsen zu sprechen begann: „Morgen muss unser guter Herr sterben. Wenn der Bauer zu Mittag isst, bleibt ihm ein Knochensplitter, der im Kraut liegt, im Hals stecken. So wird er ersticken, und wir müssen ihn auf den Friedhof ziehen." „Das wird freilich eine schwere Last für uns sein", antwortete der zweite Ochse. Der Knecht hörte deutlich, was die beiden Tiere miteinander redeten, verhielt sich aber ganz still.

Als am nächsten Mittag alle um den Tisch saßen, schnitt sich der Bauer das Fleisch und nahm Kraut auf seinen Teller. Sobald er aber die erste Gabel zum Munde führte, schlug sie ihm der Knecht rasch herab. Der Bauer sah den guten Hansl großmächtig an, dann griff er um die zweite Gabel, doch der Knecht schlug sie wieder herab. „Was machst du denn?", fragte der Bauer. Indes, auch beim dritten Mal konnte er die Speise nicht zum Mund führen. Da sagte er voll Unmut: „Hansl, ich hab dich immer gerngehabt, aber jetzt ist deine Zeit aus, du kannst gehen!"

Nun erst rückte der Knecht mit der Sprache heraus und erzählte, was er in der Nacht vernommen hatte. Da durchsuchten sie das Kraut und fanden richtig ein spitziges Knöchlein darin. Von da ab hielt der Bauer den Hansl wie sein eigen Kind und stattete den treuen Knecht auch noch für die Hochzeit aus.

Für neugierige Mädchen, die gerne etwas über ihr zukünftiges Liebesleben in Erfahrung bringen wollten, bot die Christnacht nach der Thomasnacht eine zweite Chance. Sie konnten in den Hühnerstall gehen, auf die Hühnersteige klopfen und folgenden aus dem Lavanttal überlieferten Spruch sagen:
„Gackert der Hahn, so krieg i an Mann,
gackert die Henn, so woaß i nit wen."

Wem dies zu wenig aussagekräftig war, der konnte es mit einem Apfel versuchen, den er oder sie in die Mette mitnahm. Wer just bei der Wandlung in diesen Apfel biss, anschließend schweigend nach Hause ging und sich am Christmorgen vor das Haustor stellte, durfte damit rechnen, dass der oder die Zukünftige des Weges kommen würde. Anstrengender war ein weiterer Orakelbrauch, der vorsah, vom Heiligen Abend an die drei folgenden Nächte durchzuwachen – in der vierten Nacht ohne Schlaf sollte das Bild der Braut oder des Bräutigams vor dem geistigen Auge erscheinen.

Vom grünen Kohl und den Hexen

In der Christnacht, so berichtet eine uralte Überlieferung, müsse man grünen Kohl aus dem Garten des dritten Nachbars holen und jedem Tiere im Stall davon geben, das schütze gegen Hexerei.

Kocht man hingegen zum Christfest grünen Kohl, nimmt man den Kochlöffel, womit derselbe gerührt worden, und begibt sich damit, jedoch unter der Schürze verborgen, an die Kirchtür zu der Zeit, wo der Geistliche das Vaterunser spricht, so könne man die „Hexen" des Orts sehen. Erkennen würde man sie an ihrer sonderbaren, sonst unsichtbaren Kopfbedeckung; doch dürfe man nur Augenblicke verweilen, weil man sonst in Gefahr komme, vom Bösen bedroht und verfolgt zu werden.

Das Zauberkraut

Im Dunkel des Waldes auf einsamen Bergeshöhen, so glaubte man schon im Mittelalter, wachse ein Kraut, das allen Zauber löst. Wo ein anderer nur einen Haufen glühender Kohlen erblickt, sieht der Besitzer des Krautes blankes Gold – und was immer das Kraut berührt, ist der Gewalt der Erdgeister entzogen. Darum bewachen diese auch das Kraut, und obwohl sie nicht imstande sind, das Abbrechen der Pflanze zu verhindern, so wissen sie doch dem, der sie sucht, so vielen Spuk in den Weg zu werfen, dass er nur selten zu seinem Ziel gelangt. Und das Kraut ist nur einmal im Jahr, in der heiligen Christnacht, während es zwölf Uhr schlägt, zu brechen, und es darf der, welcher es holt, auf dem Wege nicht angeschrien werden und er muss stumm bleiben, bis er zu Hause angekommen ist.

Katzenzungen

3 Eiweiß

100 g Feinkristallzucker

10 g Vanillezucker

Prise Salz

250 ml Schlagsahne

120 g glattes Weizen- oder feines Dinkelmehl

1. Eiweiß mit Zucker, Vanillezucker sowie einer Prise Salz schaumig aufschlagen.

2. Schlagsahne nicht zu steif schlagen und untermengen.

3. Nun das Mehl unterheben.

4. Den Backofen auf 165–175 °C Heißluft vorheizen.

5. Die Masse in einen Spritzsack mit glatter Tülle füllen und kleine, längliche Biskotten mit Abstand auf ein vorbereitetes Backblech dressieren.

6. Im vorgeheizten Backofen ca. 10 Min. hellbraun backen, bis der Rand der Zungen schön braun, der Innenteil aber noch hell ist.

7. Herausnehmen und auskühlen lassen.

8. Trocken und gut verschlossen aufbewahren.

VERFEINERN
— Katzenzungen mit Nougat oder Schokoladecreme füllen und/oder zur Hälfte in Schokolade tunken.

Vergessene Welt
der Krippenspiele

Untrennbar verbunden mit der Weihnachtswelt von anno dazumals und heute zur fernen Legende geworden ist die Tradition des Krippenspiels. Besonders heiß geliebt wurden die fantasievollen Darbietungen dieser – oft mit aufwendigen und komplizierten Mechanismen ausgestatteten – „Theater" von den Kindern, die – glaubt man den Quellen – mit großer Begeisterung dem in Bild und Pantomime eindrucksvoll präsentierten biblischen Geschehen folgten.

Ursprünglich hatte das „Krippelspiel" nichts mit mechanischen Effekten zu tun – die Krippen, die man mit Beginn des Advents aufzustellen pflegte, wurden so wie überall mit unbeweglichen, mehr oder minder dekorativ gestalteten Figuren arrangiert; in einer Zeit, in der es noch keinen Christbaum gab, konzentrierte sich alles auf diese plastische Vergegenwärtigung des Weihnachtsmysteriums. Allmählich, zu Beginn des 18. Jahrhunderts, wurden die Krippen lebendig, findige Künstler entdeckten immer neue Möglichkeiten für überraschende „Spezialeffekte". Auch das barocke Wien stand hierin nicht zurück: So berichtet das Wiener Diarium im Jahre 1716 von einem „sehr schönen Krippelein" in der Pfarrkirche zu St. Anna und den vierzehn Nothelfern in Lichtenthal, „in welchem neben einer hochspringenden Wasserkunst, Fisch-Teich und durchs Wasser getribener Stämpff-Mühlen, ein aus dem Gewölk mit dem Gloria in excelsis Deo herabfliegender Engel und allerhand andere sich bewegende Figuren, auch alle Geheimnussen der Kindheit Christi durch den Licht-Schatten künstlich vorgestellet" würden.

Wie mühsam Konzeption und Bau eines solchen Krippenspiels auch sein mochten, wie teuer die Requisiten – das Geschäft mit der theatralisch inszenierten Szenerie florierte hervorragend, und die Investitionen wurden meist schnell zurückverdient. Geschickte Marionettenspieler verstanden es, die verblüffenden mechanischen Effekte in originelle Handlungsabläufe zu kleiden, die vom neugierigen Publikum entsprechend beklatscht wurden. Gleichsam zur Institution unter den Wiener Krippenspielen wurde jenes der „Frau Godel" in der Lerchenfelder Straße 48 – selbst Mitglieder des Hofs sollen sich hier – in der tiefsten Vorstadt – diesem speziellen Wiener Weihnachtsvergnügen hingegeben haben. Wer war aber nun die „Frau Godel", der Wien eine solch singuläre Attraktion verdankte? Emil Karl Blümml und Gustav Gugitz, die beiden Altmeister der Wiener kulturgeschichtlichen Forschung, stellten in ihrer Monografie über Alt-Wiener Krippenspiele die Details zu ihrer Person zusammen: Barbara Müller (1711–1789), die Gattin eines Richters und Strumpfwirkers, führte ihr Krippenspiel in der damaligen „Strozzischen Hauptstraße" im Haus „Zum goldenen Adler" von 1748 bis 1786 ohne Unterbrechung auf. Diese Leistung wiegt umso schwerer, als die öffentliche Meinung in maria-theresianischer Zeit über die Krippenspiele zunächst nicht die beste war – die Marionettenkünstler standen in dem Ruf, mitunter auch derbe Späße und Zoten in

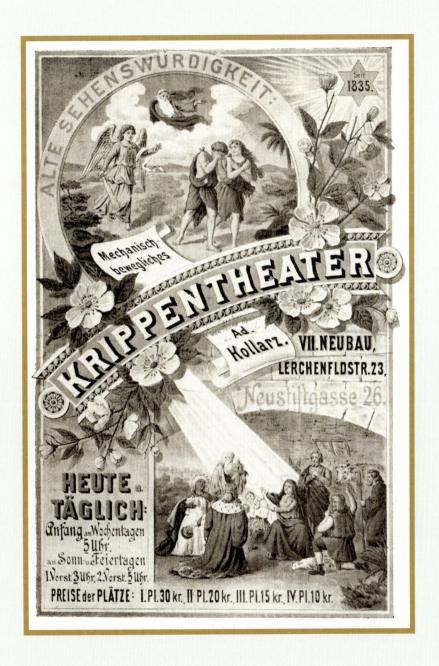

*Schon Ende des 19. Jahrhunderts
war das „Krippentheater" eine „alte
Sehenswürdigkeit": Anschlagzettel
des Altlerchenfelder Krippenspiels
von Adolf Kollarz*

1786 verkaufte Barbara Müller das Krippenspiel – aus gesundheitlichen Gründen, vermutlich aber auch unter dem zunehmenden Druck der josefinischen Kritik, wobei sich Joachim Perinet besonders hervortat – an einen Kaffeesieder namens Johann Lang, der mit dem Unternehmen in die Lerchenfelder Straße 38, damals Strozzische Hauptstraße 7, übersiedelte und es unter dem Namen „Zur Frau Godel" tatkräftig weiterführte.

ihre Vorführungen aufzunehmen, um nur genug Publikum anzulocken. Barbara Müller ließ sich von diesen Diskussionen um ihre Kunst offensichtlich nicht beirren und konnte 1774 ihr Krippenspiel erstmals hochoffiziell im Wiener Diarium ankündigen: „Es wird allen hoh- und niedern Standes resp. Liebhabern zu wissen gemacht: daß mit Bewilligung einer hohen, geist- und weltlichen Obrigkeit die durch verschiedene Jahre bei dem k. k. Hofe produzierte Krippe vom 4. Dezember an bis zu Ende der Faßnacht täglich um 2 Uhr, an Sonn- und Feiertägen aber etwas später angefangen und bis späten Abend continuiert, im alten Lerchenfeld beim goldenen Adler wird vorgestellet werden. Auch werden einige, noch nie gesehene Stücke zum Vorschein kommen, welche den resp. Zusehern vollkommenes Vergnügen verschaffen werden" – ein Versprechen, das die geschäftstüchtige Frau Godel wohl auch halten konnte: Für 1777 melden die zeitgenössischen Quellen, dass sie bereits 31 Maschinen in ihr Krippenspiel integriert habe und den Spielplan weiter ausbaue – der Höhepunkt des Erfolgs war erreicht, ihr „Theater" zur Institution geworden.

Von Lang, der 1803 starb, übernahm 1801 der Krippenspieler Josef Schweger (Schwäger) das Haus; unter den Gästen im Dezember 1801 war auch Joseph Richter, der Autor der berühmten Eipeldauerbriefe. Richter über seine Eindrücke bei der Frau Godel: „Da bin ich die Täg in Krippelspiel gwesen und da wars zum Erdrucken voll. Sie müssen ein guten Maschinmaster haben; denn d'Verwandlungen gehn wie der Wind und es bleibt nichts stecken. – Auf d'letzt kommt sogar ein Ballet vor, bei dem können sich aber d'Schneider nicht viel machen; denn d'Kleider von Tanzerkorps sind schon seit drei Jahrn d'nämlichen und d'hölzernen Mandeln müssen ein Bissl delikater damit umgehn als unsre Lebendigen; denn sie sind noch alle funkelneu. Aber mir hat nichts besser g'falln, als d'allgemeine Stille von Zuschauern. Allein, das geht ganz natürlich zu; denn im Krippelspiel gibts ja keine Loschen; und wenn die klein Kinder was z'sehn habn, so halten sie sich immer ruhiger als die großen Kinder." Der wie immer etwas krampfhaft originell sein wollende Bericht des Eipeldauers bestätigt immerhin, dass die Anziehungskraft des Krippenspiels auf die Wiener auch zu Beginn des 19. Jahrhunderts ungebrochen war und das Publikum sich tatsächlich zum Großteil aus Kindern rekrutierte. Diese erstaunliche Konjunktur des Krippenspiels in Wien sollte sich noch einige Jahrzehnte lang fortsetzen, zahlreiche Unternehmen sind für diese Zeit bezeugt.

1806 kaufte ein gewisser Maximilian Sedelmayer einen Teil der Maschinen Schwegers und eröffnete damit unter dem Namen der „Frau Godel" ein Krippenspiel in der Siebensterngasse 33, damals Neubau Nr. 162, ein Ort, der den Wienern als „Holzplatzl" bekannt war. Hier existierte das legendäre Theater noch bis in die Zeit um 1850; ein seltsames Schicksal wurde den berühmten Maschinen der Frau Godel zuteil, die über hundert Jahre lang die Bevölkerung Wiens bestens unterhalten hatten: Sie wurden abgebaut und nach Amerika verschifft, wo man sie als unnützen Ballast im Mississippi versenkte. Noch aber war das Alt-Wiener Krippenspiel nicht gänzlich tot: Bereits 1835 hatte der akademische Zimmermaler Karl Schönbrunner in der Lerchenfelder Straße 23 ein neues Krippenspiel eröffnet, das sich bald großer Popularität erfreute; unter den späteren Besitzern, dem Volkssänger Adolf Kollarz und der Varietédirektrice Paula Baumann, wurden in diesem Institut die „schönen und rührenden Überlieferungen einer volkstümlich so wertvollen Kunst" (Blümml/Gugitz) bis zum Jahre 1913 aufrecht erhalten – dann musste sich auch dieses letzte Refugium Alt-Wiener Weihnachtstradition der übermächtigen Konkurrenz des Kinos geschlagen geben. Figuren, Maschinen und Dekorationen wurden nach dem Ersten Weltkrieg zum Großteil zerstört und als Brennmaterial genutzt.

Schon 1893 hatte Alexander Tille in seiner Geschichte der Deutschen Weihnacht diesen Untergang von Krippe und Krippenspiel, der, wie er es nannte, „Reste einer niedergegangenen Weltanschauung", vorausgesagt – im „modernen", säkularisierten Bild von Weihnachten, dem national verbrämten Familienfestkitsch, war für barocke Volksfrömmigkeit kein Platz mehr.

Eisenbahner

FÜR DEN MÜRBETEIG

130 g glattes Weizen- oder feines Dinkelmehl

80 g Butter

50 g fein gesiebter Staub- oder Feinkristallzucker

Etwas abgeriebene Zitronen-schale oder Zitronenschalen-pulver

1 Eigelb

10 g Vanillezucker

Prise Salz

FÜR DIE MAKRONENMASSE

200 g fein geriebenes Rohmarzipan

30–50 g fein gesiebter Puderzucker

1 Eiweiß

ZUM FÜLLEN

200 g passierte Johannisbeer- oder Himbeermarmelade (siehe Tipps)

1. Für den Mürbeteig alle Zutaten in eine Schüssel geben und mit dem Knethaken vermengen oder auf einer Arbeitsplatte mit der Hand vermischen. Rasch zu einem Mürbeteig verarbeiten. Nur bei Bedarf mit Frischhaltefolie abgedeckt im Kühlschrank rasten lassen.

2. Den Backofen auf 165–175 °C Heißluft vorheizen.

3. Teig auf einer leicht bemehlten Arbeitsplatte oder zwischen zwei Backmatten etwa 3 mm dick ausrollen. In 4 cm breite und 25 cm lange Streifen schneiden, auf ein vorbereitetes Backblech legen und mit einer Gabel stupfen (mehrmals anstechen). Im vorgeheizten Backofen etwa 6–8 Min. vorbacken.

4. Inzwischen für die Makronenmasse alle Zutaten vermischen und glatt rühren. In einen Spritzsack mit glatter Tülle füllen. Dann jeweils 2 Bahnen auf die Außenseiten der vorgebackenen Mürbe-teigstreifen aufspritzen. Noch ca. 12 Min. fertig backen.

5. Herausnehmen und in noch heißem Zustand die Zwischen-räume auf den Mürbeteigstreifen mit heißer Marmelade ausfüllen, abkühlen lassen und in 2 cm breite Streifen schneiden.

VARIATIONEN
— Auf die Marmelade Mandelblättchen streuen.

— Unter die Masse zusätzlich 10 g weiche Butter mengen.

Damit die Marmelade besser abstockt (fest wird), kann sie mit 2 ein-geweichten und aufgelösten Gelatineblättern vermengt werden.

Sollte die Marzipanmasse einmal zu weich geraten, etwas fein gemah-lene Mandeln (am besten geschält) oder Nüsse untermengen.

MORITZ GOTTLIEB SAPHIR

TANNENBÄUMCHEN

Tannenbäumchen stand im Wald alleine,
Sprach, ganz traurig im Gemuthe:
„Duft und Farben hab' ich keine,
Habe weder Frucht, noch Blüte.

Gehe stets in einem Kleide,
Bien' und Schmetterling mich lassen,
Mache keinem Menschen Freude,
Möchte d'rum mich selber hassen!" –

Christkind hört des Bäumchens Klage,
Nimmt's und setzt's in's warme Zimmer,
Schmückt's wie eine Feensage,
Bunt mit lauter Kerzenschimmer.

Und behängt's mit Band, mit Kerzen,
Mit Gold- und Zuckernüss' nicht minder,
Und das Bäumchen kosen, herzen,
Küssen jubelnd süße Kinder.

Und so kam's zu Glanz und Ehren,
Und zu tausend schönen Sachen,
Weil es war sein Herzbegehren,
Nur den Andern Freude machen!

Haferflockentaler

100 g feines Dinkelmehl

130 g Butter

100 g Gelbzucker

1 cl Zitronensaft

Prise Salz

3 g gemahlener Ingwer

3 g Vanillezucker

80 g grob gemahlene Haferflocken

1. Alle Zutaten in eine Schüssel oder auf eine Arbeitsfläche geben und mit den Händen rasch zu einem Mürbeteig verarbeiten.

2. Aus dem Teig drei nicht zu dicke Rollen formen und abgedeckt im Kühlschrank 2–3 Stunden rasten lassen, bis der Teig richtig fest geworden ist.

3. Den Backofen auf 165–175 °C Heißluft vorheizen.

4. Dann die Teigrollen mit einem Sägemesser in kleine, ca. 3 mm dicke Scheiben schneiden. Kekse mit großem Abstand (sie laufen während des Backens auseinander) auf ein vorbereitetes Backblech legen.

5. In den heißen Backofen schieben und 10–14 Min. auf Sicht goldbraun backen.

VARIATIONEN
Den Teig mit Zimt, Nelken oder Piment zusätzlich aromatisieren.

Rumkugerl

Ca. 250 g Biskuitreste (hell, dunkel oder Nussbiskuit)

40 g Kokosfett

30 g dunkle Kuvertüre oder Schokolade

20 g fein gesiebter Puderzucker

20 g Vanillezucker

10 g Kakaopulver

50 ml Rum

Evtl. 30 g passierte Johannisbeermarmelade

1. Die Biskuitreste in eine Schüssel geben und zerbröseln.

2. Kokosfett und Kuvertüre bzw. Schokolade in einem Topf über einem Wasserbad schmelzen und wieder etwas abkühlen lassen.

3. Nun alle Zutaten gut miteinander vermengen (bei einer zu festen Masse die Flüssigkeitsmenge erhöhen). Anschließend leicht fest werden lassen.

4. Mit angefeuchteten (oder mit Einweghandschuhen überzogenen) Händen kleine Kugerl formen.

5. Nach Belieben die Schokoladeglasur schmelzen, die handschuhüberzogenen Hände damit benetzen und die Rumkugeln darin hin und her rollen, damit sie vollständig mit Glasur bedeckt sind. Sofort in Streuseln grob gehackten Nüssen oder Kokosflocken wälzen, auf Papier absetzen und fest werden lassen. Gekühlt lagern.

VARIATIONEN

— Biskuitreste mit beliebigen Keksresten mischen.

— In die Masse auch Rumrosinen, klein geschnittene getrocknete, gedörrte oder kandierte Früchte, grob gehackte Nüsse oder etwas aufgelösten Löskaffee untermengen.

— Anstelle von Rum mit beliebigem Schnaps, Likör oder Kaffee aromatisieren.

VERFEINERN

— In die Kugerl vor dem Rollen jeweils eine gut abgetropfte, entkernte, in Rum eingelegte Weichsel oder Kirsche hineindrücken.

— Die gekühlten Kugeln vor dem Tunken (wie Knödel) mit einem dünnen Marzipanmantel umhüllen und erst dann in Schokolade rollen. Dazu Marzipan zwischen zwei Silikonmatten dünn ausrollen, Scheiben ausstechen und die kalt gestellten Kugerl damit umhüllen.

Für Kinder ersetzt man den Rum durch einreduzierten (eingekochten) Fruchtsaft.

Florentiner

40 g Honig

70 g Sahne

70 g Butter

60 g Feinkristall- oder Gelbzucker

20 g Vanillezucker

Prise Salz

250 g Mandelblättchen

50 g glattes Weizen- oder feines Dinkelmehl

Evtl. 100–150 g Schokoladeglasur

1. Ein Backblech mit einer Silikonmatte oder Backpapier auslegen. Den Backofen auf 165–175 °C Heißluft vorheizen.

2. Honig, Sahne, Butter, Zucker, Vanillezucker sowie Salz in einem Topf aufkochen und ca. 5 Min. bei mittlerer Hitze einkochen lassen, bis die Masse leicht bräunt.

3. Währenddessen die Mandeln mit Mehl in einer Schüssel vermischen.

4. Die Temperatur reduzieren und die Mandelmasse einrühren. Sofort auf das vorbereitete Backblech streichen. Im vorgeheizten Backofen ca. 12 Min. hellbraun backen. (Wird die Masse etwas länger gebacken, so werden die Florentiner zwar etwas dunkler, aber besonders knusprig.)

5. Mandelplatte aus dem Ofen nehmen und mit einer Silikonmatte oder Backpapier abdecken. Mit einem Nudelholz glatt rollen. Die Matte oder das Papier abziehen und die Platte sofort mit einem leicht geölten Messer in ca. 3×3 cm große Quadrate schneiden. Die Platte sollte beim Schneiden noch warm, aber nicht zu heiß sein, da sie sonst sehr klebrig ist.

6. Nach Belieben die Unterseite mit Schokoladeglasur bestreichen und auf dem Backpapier antrocknen lassen.

VARIATIONEN

— Mandeln mit Sonnenblumenkernen, Kürbiskernen, Pistazien oder Sesam mischen.

— Für eine besondere Optik klein geschnittene gedörrte, getrocknete oder kandierte Früchte mit dem Mehl und den Mandeln untermengen.

Die Mandelplatte keinesfalls auf den Silikonmatten schneiden, sondern dafür am besten eine etwas größere Teigkarte unterschieben.

LUDWIG HEVESI

Weihnachten

Punkt elf Uhr, wie er versprochen, legte Direktor Stein in meinem Treppenhause den Finger auf den Drücker. Mitten im Satze, den ich schrieb, warf ich die Feder weg, schlüpfte in den Pelz, griff nach dem Nachtsack und eilte hinab in die Freiheit, in die Weihnachtsfreiheit. In vier Stunden sollte ich steirische Luft atmen, am jenseitigen Fuße des Semmering, wo die Welt grüner ist, selbst im Winter, und selbst in der großen Sägemühle zu Mürzzuschlag, die mein Freund leitete. In Wien war es nicht schön. In der Luft brodelte allerlei Graues, Nasskaltes, Rheumatisches und rann in Tropfen an den Wagenfenstern nieder. Das geschäftige Weihnachtspublikum glitschte auf dem triefenden Pflaster unsicher durcheinander, alle Arme voll Packen und Päckchen, man kennt das ja. Am Hof, wo, wie alljährlich, die Budenstadt ihren unabsehbaren Weihnachtskram entfaltete, war kaum durchzukommen, zu Wagen schon gar nicht. Am Naschmarkt, der sich in einen Urwald von Christbäumen verwandelt hatte, schwindelte sich der Kutscher im Halbschritt vorüber. Dennoch hätten wir an der Wildbret-Ecke des Marktes beinahe Unglück angerichtet. Dort, wo die feisten Weihnachtshasen hängen und die putergroßen Weihnachtsgänse ihre gerupfte Schönheit entfalten, warf unser linkes Hinterrad eine Hühnersteige um, deren Insassen schwerlich mit dem Leben davongekommen wären, wenn man sie nicht glücklicherweise schon tags vorher geschlachtet hätte. Eigentlich waren wir Weihnachtsflüchtlinge, die aus dieser „sentimentalen Stadtluft" hinauswollten in eine möglichst unempfindsame Natürlichkeit, allerdings

bei möglichst guter Naturalverpflegung. „Seit drei Jahren", sagte mein Freund, „bin ich weit über alle Christbäume hinausgewachsen." Vor drei Jahren war ihm nämlich der kleine Hans, sein einziger, gestorben; seitdem hielt er Weihnachten für ein höchst ungemütliches Fest. Auch ich war mit ihm einverstanden. „Vergoldete Nüsse lassen mich bereits ganz kalt", erklärte ich. – „Ich kann nicht einmal mehr den Knallbonbons Geschmack abgewinnen", sagte er. – „So ein Tannenbäumchen voll brennender Wachskerzchen hat für mich nur noch die Bedeutung einer Feuersgefahr", fuhr ich fort. – „Und das ganze Jahr über wird nicht so viel Waldfrevel begangen wie vor Weihnachten", bemerkte er, „mein Förster ist nach jedem Heiligen Abend außer sich, und er darf nicht einmal ein Wort sagen, denn unser Volk hält um diese Zeit den Wald für frei."

Plötzlich drückte er an den Gummiball im Wagen. Auf den Pfiff hielt der Kutscher, und mein Freund stieg aus, in aller Hast, als hätte er beinahe etwas vergessen. Er trat in eine Buchhandlung, die ganz buntscheckig aussah von farbigen Bilderbüchern und dergleichen Kinderzeug. Der Laden war voll mit feinen Herren und Damen, welche die Weihnachtsnummern der illustrierten Zeitschriften durchblätterten und nach neuen,

Dekor für die „häusliche Gemütfeier": Weihnachtskarte der Wiener Werkstätte von Mela Köhler-Broman

schlauen Erfindungen der Festliteratur fahndeten. Auf unzerreißbare, unbekleckbare und womöglich auch unverlierbare Bilderbücher, zum Beispiel auf Zelluloid gedruckt und zum Abwaschen mit Seifenwasser eingerichtet.

Oder auf Naturgeschichten mit Farbenwechsel, so daß die Tiere abwechselnd ihre Sommer- und Winterfarben zeigen; das Chamäleon gar ist transparent und nimmt immer die Farbe seiner Unterlage an. Oder auf Bilderbücher, in denen alles beweglich ist, von den Flügeln der Windmühlen bis zu den Zeigern der Uhr an der Stephanskirche, die sogar mit einem wirklichen Schlüssel aufgezogen wird. Direktor Stein kam mit mehreren großen Paketen wieder heraus, und wir fuhren nach dem Bahnhofe. Auf der Eisenbahn führten wir ein recht hölzernes Gespräch, sozusagen. Bis Wiener Neustadt über den Verkauf der slavonischen Grenzwälder. Von dort bis Gloggnitz über die Holzpapierfabrik, die mein Freund voriges Jahr in Mürzzuschlag errichtet hatte, um den Holzvorrat der Gesellschaft noch besser auszubeuten. Von Gloggnitz bis Payerbach, wo die Gegend schon poetischer wird, sprachen wir über Otto Ludwigs „Erbförster"; mein Freund hatte dieses für Holzinteressenten sehenswerte Trauerspiel im Burgtheater aufführen sehen. Zwischen Payerbach und der Station Semmering entrüsteten wir uns um die Wette über die „Devastation", welche rechts und links der Bahn durch das Aushauen von Christbäumen betrieben werde. Direktor Stein, den doch diese Gegend gar nichts angeht, drohte mit den Fäusten zum Fenster hinaus, sooft er im tiefen Schnee, die waldigen Hänge herab, einen Schlitten fahren sah, schwer mit frisch gefällten Christbäumen beladen, oder etliche handfeste Männer in Pudelhauben am Waldsaume mit der Axt hantieren, alles für den „Wiener Bedarf".

„Semmering, fünf Minuten!", rief der Schaffner. „Schöne Edelweiß, kaufen Sie!" – „Nehmen S' ein' Buschen Edelweiß mit!" So scholl es von beiden Seiten zu uns heran, mit betagten, verschnupften Stimmen. Verrunzelte Hände streckten an Stäbchen große Buschen aus getrocknetem Edelweiß und Heidekraut zu den Coupéfenstern herauf, gleich sechs auf einmal. „Küß d' Hand recht schön, Herr Direktor", fügte ein knarrendes Altweiberstimmchen hinzu;

„Sie kaufen mir ja eh' ein'n Buschen ab, da haben S' den allerschönsten, vom Stuhleck droben ist er." – „Ja, ja, Frau Mahm", lachte Direktor Stein, „bringen S' mir ihn nur unten ins Haus, ich nehm' ihn schon. Wie lang sind S' denn marschiert da herauf, von Mürzzuschlag?" – „No, drei Stünderl halt, gnä Herr, wegen dem Schnee; bei Spital liegt er hoch auf der Straßen." Ich kaufte ihr einen großen Strauß Edelweiß ab, für anderthalb Gulden, worüber sie ganz entzückt war. „Jesses, der Hansel wird sich freuen!", rief sie. – „Ja der Hansel wird sich freuen", sagte der Direktor lächelnd, „ich bring' ihm auch 'was mit, dem Hansel." – „Is's wahr, Herr Direktor? Haben S' denn wiederum an mein Hansel 'denkt? Unser lieber Herrgott soll's Ihnen nur vergelten, tausendmal, ja! No, mein' Tochter wird ein' Freud' haben! Und erst der Hansel, der arme!" – „Schau'n S', das ist ein schönes Bilderbuch", sagte mein Freund, „‚Max und Moritz' heißt's; da ist auch schon Gedrucktes drin." – „Gedrucktes?", fragte sie etwas zweifelnd, beinahe ängstlich. – „Na ja, jetzt müßt' er ja schon lesen können, euer Hansel. Und da, dieser Pack ist auch für ihn, da sind Bausteine drin, um den ganzen Stephansturm aufzubauen." – „Jesses na, der Hansel – den Stephansturm! Er hat ihn ja noch gar nie nit g'sehn, den Stephansturm! Ich mein', ob er's denn treffen möcht', der Hansel?" – „Aber, Frau Mahm, der Hansel und so 'was nicht treffen!" Das schien der alten Frau einzuleuchten, und sie wackelte nur still vor sich hin mit dem Kopfe und rieb sich die Hände, ein Drittel vor Kälte, zwei Drittel vor Freude.

Die Bahnglocke schrillte, ein Pfiff, der Zug fuhr ab und bohrte sich in den nahen Tunnel ein. Mein Freund schwieg, in einer Art von Mißmut. Bei Spital aber nahm er plötzlich das Wort: „Sehen Sie, es gibt auch auf dem Lande Sentimentalität. Jenes alte Weiberl hat ihre fünfundsiebzig auf dem Rücken und wandert drei Stunden herauf bis Semmering, weil da die Reisenden sich eher verpflichtet fühlen, Edelweiß zu kaufen, als in Mürzzuschlag unten, wo es kein Andenken mehr wäre. Warum? Weil sie helfen will, ihrem Enkelkind, dem Hansel, was zu bescheren. Und der Hansel ist doch tot, seit drei Jahren. Wir hatten damals die Diphtheritis in Mürzzuschlag, und die hat den Hansel mitgenommen. Fünf Jahre war er alt, ein hübscher Junge, gescheit wie der Tag."

Seine Stimme zitterte auffallend, aber er fuhr gleich wieder ruhig fort: „Hansels Mutter, müssen Sie wissen, ist die Frau meines Werkführers. Ein braves Weib, hat aber augenscheinlich viel zu viel gelesen; ist darüber sentimental geworden. Nun sehen Sie einmal, was solche Leute imstande sind. Daß der Hansel tot ist und unter der Erde liegt, das geniert seine Mutter gar nicht. Sie betrachtet ihn trotzdem als ein lebendiges Kind, das jedes Jahr schön seinen Heiligen Abend kriegen muß, wie die anderen Kinder. Und an jedem Christabend wird das grüne Christbäumchen bunt aufgeputzt und aufgetakelt mit allem, was ihr Schönes und besonders Süßes einfällt, und wird auf unser Friedhöfchen hinausgetragen, wo auch mein Hans liegt." Seine Stimme stockte ein wenig, aber sie festigte sich gleich wieder. „Mein Hans und ihr Hansel haben viel zusammen gespielt, sie waren im gleichen Alter, fünf Jahre, jetzt wären sie beide acht. Dieselbe Diphtheritis hat beide hinweggerafft, fast gleichzeitig. Ja, man soll keine Kinder haben! Doch hören Sie weiter. Da nimmt also die Frau das Christbäumchen und stellt es dem Hansel aufs Grab, auf sein kleines, grünes Hügelchen; da fegt sie vorher den Schnee hinweg und deckt alles warm zu mit Tannenzweigen, nun, Weiberschnack eben, wie's manche Mütter treiben, die förmlich erfinderisch werden, wenn's ihr Kind gilt. Und dann steckt sie alle die Lichterchen an und steht dabei und sieht zu, wie sie langsam niederbrennen. Und dabei weint sie vermutlich was Rechtes zusammen und kommt schließlich getröstet heim. Das Bäumchen aber läßt sie auf dem Grabe stehen, und darunter liegen allerlei kleine Geschenke, die sie dem Bübchen macht, sie und andere; von mir und meiner Frau kriegt sie auch jedes Jahr Verschiedenes. Nun ja, die Weiber sind nun einmal so; meine Frau sagt gar, ihr sei jedes Mal, als schenke sie die Sachen unserm Hans."

„Nun, ich –" begann ich, aber er ließ mich nicht zu Worte kommen. „Warten Sie einmal", fiel er ein, „das Drolligste kommt ja erst. Jene gute Frau scheint sogar in dem Wahne zu leben, daß ihr Hansel da unten immer größer und gescheiter werde und daher von Jahr zu Jahr immer reifere Geschenke brauche. Anfangs bekam er richtiges Kinderspielzeug: Brummkreisel, ein neues Hotto-Pferdchen mit einer neuen Peitsche, ein Bilderbuch ohne Text, auf starkem Pappen-

deckel, vermutlich weil der Hansel ein sehr lebhafter Junge gewesen, just wie mein Hans, der auch ein rechter Reißteufel war. Ein Jahr später spielte das zinnerne Militär die Hauptrolle; von mir war auch eine Schachtel Artillerie dabei, schon in der neuen Uniform, denn der Hans – der Hansel, will ich sagen, hatte eine besondere Passion fürs Schießen; Holunderpistolen oder Knallerbsen, das galt ihm gleich, wenn es nur gehörig knallte. Der wäre ein zweiter Uchatius geworden und hätte ein neues Stahlbronzegeschütz erfunden. Und ein Lesespiel war auch schon dabei, mit einzelnen großen Buchstaben zum Zusammensetzen, und eine Landkarte mit ausgeschnittenen Ländern, auch zum Zusammensetzen. Nun, und heuer wird er wohl schon im Lesen so weit sein, daß er sich mit etwas Nachhilfe den ‚Max und Moritz' zu Gemüte führen kann; und die Bausteine ... meinem Hans hat der Stephansturm immer gewaltig imponiert, der kleine Knirps wollte wahrhaftig, als ihn einst die Amme auf dem Arm über den Stephansplatz trug – zwei Jahre alt mochte er sein –, da verlangte er von ihr dringend die goldene Kugel, die auf der Turmspitze steckt. Andere Kinder verlangen höchstens den Mond, nicht wahr?"

„Allerdings", sagte ich, ohne ihm geradezu ins Gesicht zu sehen. Ich hatte nämlich die Empfindung, als würde ihn das genieren, weil eben aus irgendeinem Augenwinkel, rechts oder links, ein helles Tröpflein ganz verstohlen hervorsickere und den Weg längs der Nase abwärts nehme. Eben machte mein Freund eine Viertelwendung, so daß ich nur seine linke Seite sehen konnte; ich schloß daraus unwillkürlich, daß jener stille Tropfen auf der rechten Seite floß. Möglich übrigens, daß ich mich irrte. In Mürzzuschlag erwartete uns sein Wagen, und wir fuhren nach der Fabrik. Es dämmerte bereits, und in allen Gebäuden war längst elektrisches Licht. Man arbeitete noch, erst in einer Stunde war Feierabend. In dem Geschnarr und Geschnurr des tätigen Lebens wurde mir gleich frischer zumute; dieses letzte Gespräch hatte mir den Kopf eigentümlich eingenommen. Auch dem Direktor schien das Arbeitensehen wohlzutun; wir traten in die große Halle der Sägemühle und sahen zu, wie in langer Reihe die „Gatter" mit ihren Dutzenden blanker Sägeblätter ihre halb ober-, halb unter-

Weihnachtsgrüße anno 1928

irdische Arbeit taten und Stamm um Stamm in ebenso viele glatte Bretter zerschnitten. Wir gingen hinab in den unteren Saal und wateten in der kniehohen Schicht von Sägespänen umher, die unablässig von oben herabrieselten, ein Schneegestöber aus Holz. Das beruhigt sehr.

Im Hause des Direktors wurden wir schon ungeduldig erwartet. Die Hausfrau hatte uns viel Gutes zugedacht für diesen Abend. Nur eines nicht: einen Christbaum. „Mein Mann kann noch immer keinen Christbaum sehen", sagte sie mir, „er behauptet, das sei Empfindelei, sich auch als Kinder zu gebärden, weil die Kinder es täten. Hätten wir nur noch ein Kind, er würde anders sprechen." Und als ich sie fragte, ob er wohl mit mir nach dem Friedhofe gehen würde, weil ich jene Christbescherung auf dem Grabe zu sehen wünschte, rief sie lebhaft: „Wo denken Sie hin? Nicht mit vier Pferden könnten Sie ihn da hinaufschleppen. Nun, wenn Sie wollen, gehe ich mit Ihnen; ich bin von härterem Stoff."

Sie hüllte sich warm ein, und wir gingen die Anhöhe hinan, wo der kleine Gottesacker in einer Mulde gebettet liegt. Der Totengräber stand am Gittertor und wartete mit dem Schließen, bis alles wieder fort wäre. Eine graue Nacht lag auf der Gegend, es begann eben zu schneien, aber man sah die Flocken nicht, man fühlte nur im Gesicht ihre weiche kalte Berührung, schier geisterhaft. Wir gingen einem Lichtschein zu und sahen eine dunkle Gruppe beschäftigt, die Lichtchen eines kleinen Christbaumes zu entzünden. Alles war so, wie mein Freund es geschildert. Man bemerkte uns gar nicht, man hatte alle Hände voll zu tun mit dem Hansel. Auch „Max und Moritz" lag unter dem Bäumchen; die alte Frau schlug das Buch auf, damit der Hansel besser sehe, was er Schönes bekommen, aber es schneite hinein, und da schloß die junge Frau es wieder.

Der Vater kniete am Fußende des Grabes und versuchte, den Stephansturm aufzustellen, aber der Boden war zu uneben, der Bau stürzte ein und die Holzklötzchen kollerten weithin. Da schrien beide Frauen auf: „Jesses, wenn nur nichts verloren geht!" Da packte der Vater die Bausteine behutsam wieder ein. Auch Kleidungsstücke lagen da. Die Mutter hatte eigens Winterhandschuhe gestrickt. „Gelt, Mutterl, die

werden gut warm sein?" – „Wohl", entgegnete die Alte, „wann s' nur nit z' klein sind." – „Aber geh, Mutterl, um so ein Stück länger hab' ich die Finger genommen als voriges Jahr." – „No, ich weiß nit, der Bub' halt't halt im Wachsen." Auch eine neue Pelzmütze lag da. Die junge Frau hob die „Pudelhaube" auf und streichelte das falsche Pelzwerk, als wäre es das Haar ihres Jungen. „Mit Ohrenklappen", sagte sie und zog die Klappen weit hervor, rechts und links. – „Die hätt' er schon vorig's Jahr braucht", meinte die Alte. In einem Körbchen, auf grünen Blättern, lagen Äpfel und Nüsse, auch ein Nussbeugel, hübsch braun gebacken. „Mohnbeugel hat er lieber", murmelte die Alte, aber nicht sehr laut, um die Mutter nicht zu kränken. Es war sonderbar, wie die drei das ganz ernsthaft trieben, ruhig und bedachtsam, sogar ohne Rührung, vollends ohne eine Träne. Als ob es gar keinem Toten gälte. Ich trat zufällig auf eine Nuß, die herabgerollt war; sie krachte, und die Frauen blickten wie erschrocken um.

Die beiden kinderlosen Mütter sahen einander still ins Gesicht, nur wenige Augenblicke, dann schluchzten beide laut auf. Und dann waren sie gleich wieder still, und wir gingen ohne ein weiteres Wort hinweg. Die drei hatten noch beim Hansel zu tun. Es schneite stärker, in dicken Flocken bereits, die laut aufknisterten, wenn sie die Flämmchen des Christbaums trafen. Der Vater hatte auch daran gedacht und einen Regenschirm mitgebracht; den spannte er über das Bäumchen, bis die Kerzlein niedergebrannt waren. Niemand sah es, denn es war dunkel und wir waren fort – und der Hansel war ja doch eigentlich tot.

Einfacher Lebkuchenteig für Kinder

300 g Roggenmehl

180 g Roh- oder Gelbzucker

5 g Zimt

10 g Natron

10–20 g Lebkuchengewürz

2 Eier

80 g Honig

Milch oder verquirltes Ei zum Bestreichen

Lebkuchenglasur nach Belieben

Evtl. Schokolade-, Eiweiß- oder Zuckerglasur

1. Alle Zutaten miteinander vermengen, zu einem glatten Teig verkneten und über Nacht bei Raumtemperatur ruhen lassen.

2. Am nächsten Tag den Backofen auf 165–175 °C Heißluft vorheizen.

3. Den Lebkuchenteig auf einer bemehlten Arbeitsfläche oder zwischen zwei Backmatten ca. 3 mm dick rechteckig ausrollen und beliebige Formen (Auto, Flugzeug, Dinosaurier etc.) ausstechen bzw. zuschneiden.

4. Auf ein vorbereitetes Backblech setzen und mit Milch oder verquirltem Ei bestreichen. Im heißen Backofen 10–12 Min. hellbraun backen.

5. Aus dem Backofen nehmen und noch heiß evtl. mit Lebkuchenglasur bestreichen (Oberfläche glänzt dadurch).

6. Auskühlen lassen und Lebkuchen nach Geschmack mit Schokolade-, Eiweiß- oder Zuckerglasur verzieren.

Honiglebkuchen mit Mandeln

125 g Honig

*125 g Gelb-, Feinkristall-
oder brauner Zucker*

*Ca. 50 ml Wasser für
den Honig*

*360 g glattes Weizen- oder
feines Dinkelmehl*

*80 g fein gemahlene Mandeln
oder Haselnüsse*

*10–20 g fein gewürfeltes
Zitronat oder beliebig andere
Dörrfrüchte*

*Etwas unbehandelte, fein
geriebene Zitronen- oder
Orangenschale*

¼ ML Zimt

Prise Nelken

Prise Muskatnuss

*3 g Pottasche
(Kaliumkarbonat), in 10 ml
Wasser aufgelöst*

*3 g Hirschhornsalz,
in 10 ml Wasser aufgelöst*

1 Ei

1. Honig und Zucker mit Wasser aufkochen.

2. In einer Schüssel Mehl mit Nüssen oder Mandeln, Zitronat, Zitronenschale und Gewürzen (Zimt, Nelken und Muskatnuss) vermengen.

3. Pottasche und Hirschhornsalz getrennt jeweils in 10 ml Wasser auflösen und getrennt unter die Mehlmischung mengen. Die heiße Honigmischung sowie das Ei zugeben und nun alles zu einem Teig verkneten.

4. Mit Frischhaltefolie abgedeckt über Nacht rasten lassen.

5. Den Backofen auf 170–180 °C Heißluft vorheizen.

6. Den Teig auf einer leicht bemehlten Arbeitsfläche 3–4 mm dick ausrollen und beliebige Figuren ausstechen. Auf ein vorbereitetes Backblech setzen und je nach Größe 9–13 Min. backen.

VERFEINERN
— Vor dem Backen vorsichtig Mandeln oder Nüsse in den Teig drücken.

— Beliebig mit Schokolade-, Fondant-, Puderzucker-, Eiweiß- oder Zitronenglasur verzieren und garnieren.

ADA CHRISTEN

HÖRST AUCH DU
DIE LEISEN STIMMEN?

Hörst auch du die leisen Stimmen
aus den bunten Kerzlein dringen,
die vergessenen Gebete
aus den Tannenzweiglein singen?
Hörst auch du das schüchtern frohe
Kinderlachen wieder?
Schaust auch du den stillen Engel
mit den reinen, weißen Schwingen?
Schaust auch du dich selber wieder
fern und fremd nur wie im Traume? –
Grüßt auch dich mit Märchenaugen
deine Kindheit aus dem Baume?

Elisenlebkuchen

3 Eier (150 g)

220 g fein gesiebter Puderzucker

Je ½ ML Zimt- und Nelkenpulver

Etwas Vanillezucker oder ausgekratzte Vanilleschote

10–20 g fein gehackter kandierter Ingwer

Fein geriebene Schale je einer ½ unbehandelten Orange und Zitrone

120 g grob gehackte Haselnüsse

120 g fein gemahlene Haselnüsse

30 g grob gehackte Walnüsse

Je 50 g fein gehacktes Orangeat und Zitronat

50 g glattes Weizen- oder feines Dinkelmehl

FÜR DIE FERTIGSTELLUNG
Ca. 60 g geschälte Mandeln zum Verzieren

Evtl. 200 g Schokoladeglasur zum Überziehen oder Tunken

Gekochte Zuckerglasur zum Bestreichen

Runde oder eckige Oblaten

1. Die Eier mit Zucker und Gewürzen in einer Schüssel über einem Wasserbad mit dem Handmixer auf ca. 35 °C schaumig aufschlagen. Vom Wasserbad nehmen und kalt schlagen.

2. Die restlichen Zutaten untermengen und alles verrühren. Die Masse ca. 1 cm dick auf Oblaten aufstreichen und auf ein vorbereitetes Backblech setzen.

3. Mit Mandeln belegen bzw. damit verzieren, etwas andrücken und über Nacht antrocknen lassen.

4. Am nächsten Tag den Backofen auf ca. 170 °C Heißluft vorheizen.

5. Lebkuchen je nach Größe der Stücke 10–15 Min. backen.

6. Herausnehmen und noch heiß mit Zuckerglasur bestreichen. Auskühlen lassen.

7. Nach Belieben mit Schokoladeglasur verzieren oder darin tunken.

VARIATIONEN

— Zusätzlich mit Koriander, Piment, Muskatblüte oder Anis würzen.

— Orangeat und Zitronat durch beliebig andere getrocknete Früchte ersetzen.

— Orangeat und Zitronat durch 100 g gut abgetropfte, geviertelte Amarenakirschen ersetzen.

— Zusätzlich noch 100 g in Rum eingelegte, gut abgetropfte Rosinen untermengen.

— Statt Walnüssen und Orangeat 80 g Kokosflocken verwenden und Zitronat evtl. durch klein geschnittene kandierte Ananas ersetzen.

— Etwa 100 g Zucker durch Honig ersetzen.

ZUBEREITUNG VERÄNDERN:

— Lebkuchen ohne Mandeln backen, ausgekühlt mit Schokoladeglasur überziehen und vor dem Festwerden mit Mandelhälften belegen.

— Die Elisen können auch ohne Antrocknen gebacken werden. Sie gehen dann etwas mehr auf.

KARL KRAUS

Weihnacht

Als ich am Heiligen Abend mit einem Freunde reiste, um der Stimmung zu entgehen, zu der uns die Stimmung fehlte, erkannte ich, wie sich das Bild der Welt verändert hat, seitdem ihr die Stimmung vorgeschrieben ist. Drei Handlungsreisende, die in der dritten Wagenklasse nicht mehr Platz gefunden hatten, drangen in unser Coupé und begannen sofort von Geschäften zu sprechen. Sie sprachen aber in einem Ton, der etwa den Ernst jenes Lebens offenbarte, aus dem die Anekdoten ihren Humor schöpfen. Wir räumten das Feld, und nachdem wir eine Weile von draußen einem Kartenspiel hatten zusehen müssen, bekamen wir Plätze in der ersten Klasse angewiesen. Dort erkannte ich die Bedeutung dieses Abenteuers in dieser Nacht. Wer ohne Abschied von Gott den Zug bestiegen hat, wird ihn als guter Christ verlassen. Er ist bekehrt, er sehnt sich wieder nach dem Duft von Harz und Wachs und Familie. Ihm, nur ihm wurden solch heilige drei Könige gesendet ... So hätten auch wir unsere Weihnacht erlebt, wenn nicht die Stimmung, der wir uns also ergeben mußten, durch eben jene wieder gestört worden wäre. Denn sie drangen nun auch in die erste Klasse und verlangten Genugtuung, weil sie vermuten zu können glaubten, daß wir uns über ihr morgenländisches Betragen beim Schaffner beschwert hätten. Sie sagten stolz, sie seien Kaufleute. Sie zogen die Stiefel aus und spielten Tarock. Sie borgten sich die Ehre von Gott in der Höhe, nahmen den Frieden von der Erde und waren den Menschen kein Wohlgefallen. Wir aber, die den Weihnachtstraum wieder entschwinden sahen, beugten uns vor der Übermacht der Religion, für die sie reisten ... Wer vermöchte sich ihr zu entziehen? Sie drang aus der dritten empor in die zweite Klasse und sie übt Vergeltung bis in die erste Klasse. Im Diesseits und im Jenseits gewinnt sie um geringern Lohn den bessern Platz. Sie läßt das Leben nicht zur Ruhe kommen und in der Kunst erreicht sie es mühelos, daß man ihr die bequeme Geltung einräumt. Sie ist da, und man flüchtet auf den Korridor. Zieht man sich dann aber in die Unsterblichkeit zurück, so verschafft sie sich auch dort Einlaß. Sie ist da und dort. Vor der Allgewalt des Geschäftsreisenden ist in der Welt des heiligen Geistes kein Entrinnen.

Kletzenbrot

FÜR DIE FRUCHTMASSE

100 g getrocknete Feigen

40 g Datteln

80 g Kletzen (Dörrbirnen)

180 g Dörrzwetschken

20 g Aranzini

20 g Zitronat

125 g gedörrte Marillen

5 cl Rum 38 % Vol.

5 cl Rum 60 % Vol.

50 g Rosinen

50 g Powidl

2 g Zimt

2 g Lebkuchengewürz

130 g grob gehackte Wal- oder Haselnüsse

FÜR DIE TEIGHÜLLE

200 g glattes Weizen- oder feines Dinkelmehl

60 g Butter

5 cl Milch

1 Eigelb

Salz

20 g Feinkristallzucker

Frisch geriebene Zitronen- schale oder Zitronenschalen- pulver

½ Pkg. Trockenhefe

FÜR DIE FERTIGSTELLUNG

Ei zum Bestreichen

Evtl. halbierte Mandeln (oder beliebige Nüsse, Pista- zien, Pignoli etc.) und/oder kandierte Kirschen

1. Für die Fruchtmasse alle Früchte bis auf die Rosinen klein- würfelig schneiden oder grob faschieren. In einer großen Schüssel mit Rum, Rosinen, Powidl, Gewürzen und Nüssen gut vermischen und über Nacht abgedeckt stehen lassen.

2. Am nächsten Tag aus der Masse 3–4 längliche Striezel formen.

3. Für die Teighülle alle Zutaten miteinander vermengen, zu einem festen Teig verkneten und kurz rasten lassen. Teig in 3–4 Stücke teilen und auf einer leicht bemehlten Arbeitsfläche oder zwischen zwei Backmatten ausrollen.

4. Den Backofen auf 165–175 °C Heißluft vorheizen.

5. Jeden Fruchtstriezel mit einem Teigblatt umhüllen und ein- schlagen. Die Oberseite mit einer Gabel leicht einstechen, mit ver- quirltem Ei bestreichen und nach Belieben mit Mandeln und/oder kandierten Kirschen verzieren.

6. In den Backofen schieben und 20–30 Min. unter Aufsicht backen.

VARIATIONEN
— Fruchtfülle mit beliebig anderen getrockneten Früchten oder einer Fruchtmischung zubereiten. Besonders gut eignet sich auch kandierter Ingwer.

Kletzen sollte man vor der Verarbeitung generell mit Wasser aufkochen und einige Stunden ziehen lassen. Dann Wasser abgießen und Kletzen je nach Weiterverar- beitung beispielsweise grob in einer Küchen- maschine zerkleinern. Eventuell mit Powidlmarmelade vermengen und bei zu trockener Konsistenz noch etwas Koch- wasser beigeben.

Alte Spielzeugwelt

Mit der Etablierung des neuen, bürgerlichen Weihnachtszeremoniells in den ersten Jahrzehnten des 19. Jahrhunderts setzte sich auch die – von den Eltern nun mit viel Aufwand kreierte – Vorstellung eines „anonymen Gabenbringers" (Weber-Kellermann) durch, der da die braven Kinder reich beschenke und die schlimmen durch sein Fernbleiben bitter bestrafe. In Wien wie auch im ganzen süddeutschen Raum fiel die Rolle dieses allwissenden Schenkenden dem „Christkind zu", jenem engelgleichen Wesen mit wallendem Silberhaar, das zwar nicht mit dem Jesuskind ident sein konnte, dem man aber durchaus göttliche Macht und Kraft zusprach. Hervorgegangen ist die Gestalt des Christkinds vermutlich aus den „Christkindern", jungen, weiß gekleideten Mädchen, die bei kirchlichen Prozessionen den Zug begleiteten und manchmal auch kleine Geschenke an die Kinder verteilten.

Der Wechsel des Christkinds aus dem öffentlichen religiös-kirchlichen Bereich in die harmonisierte Weihnachtswelt der bürgerlichen Familie bedeutete für die Kinder das Einüben in die passive Rolle der Beschenkten – eine Aufgabe, der man sich gerne widmete, ganz ohne Verpflichtung war sie aber nicht: Buben und Mädchen mussten alljährlich erneut geloben, wieder brav und artig zu sein. Der Eintritt der Familie in diesen „Gegengeschäftskreislauf" des do ut des war der entscheidende Punkt für die steigende wirtschaftliche Dynamik, dieWeihnachten nun zu entwickeln begann: Um die Kinder bei Laune zu halten, schenkte man

vielfach ein bisschen mehr, zumindest etwas Neues, anderes, ein bisschen Wertvolleres. Genau dies aber – die konstante Zunahme des Geschenkvolumens – war der Ausgangspunkt für die Hochkonjunktur der Spielzeugindustrie im Biedermeier.

Noch Mitte des 18. Jahrhunderts gab es in Wien kaum eine nennenswerte Spielzeugfabrikation, das Eldorado der Spielzeughändler war Nürnberg. Von hier dirigierten die großen Handelsfirmen die begehrte Ware, die zum Großteil in Hausindustrie – vor allem auch in österreichischen Alpentälern – hergestellt wurde, in die urbanen Zentren Mitteleuropas. In Wien hießen daher Geschäfte, in denen man Spielzeug kaufen konnte, bezeichnenderweise bis zum Beginn des 19. Jahrhunderts „Nürnberger-Warenhandlungen". Eine größere Bedeutung als diesen Läden kam jedoch den Spielzeug-Wanderhändlern zu, die durch ihre Mobilität eine viel größere Zahl von Käufern erreichten. Spielsachen zählten aus warenspezifischer Sicht zu den Krämereiwaren und wurden daher vom Händler im Mix mit vielen anderen Artikeln verkauft – von Unterwäsche bis zu Kosmetika. Immerhin gab es, wie Hubert Kaut in seiner verdienstvollen Dokumentation Alt-Wiener Spielzeugschachtel nachwies, im Jahre 1789 bereits 18 Spielwarengeschäfte; daneben fand man Spielsachen meist auch in den diversen Kunsthandlungen.

In den Jahren nach 1800 begann sich die Spielzeuglandschaft jedoch spürbar zu verändern. Zunächst waren es Firmen aus dem Südtiroler

Grödnertal, die auch in Wien den Spielzeughandel durch Gründung eigener Niederlassungen zu dominieren begannen. Ihre in mehreren Sprachen aufgelegten, mit handkolorierten Illustrationen versehenen Kataloge eroberten den Markt und verdrängten die Nürnberger Konkurrenz. Davon unabhängig entwickelte sich in Wien allmählich eine eigene Spielwarenerzeugung. Da das Herstellen von Spielsachen von den Behörden als „freie Beschäftigung" eingestuft worden war und nicht den starren Vorschriften und Zwängen einer Zunft unterlag, blühte dieses Gewerbe bald auf, der Wiener Spielzeugmarkt war nicht mehr ausschließlich von Importen abhängig. 1827 zählte man in der Stadt 7 „Kinderspielerei- und Holzwaren-Verfertiger", 1837 waren es bereits 12; verkauft wurden die Produkte dieser Firmen in nunmehr 44 Spielwarenhandlungen. Bekannte Unternehmen waren etwa die „k. k. erbländisch-privilegierte Berchtesgadner Holz- und Kinderspielerei-Waren-Fabrik Johann Haller" – die Palette ihrer Produkte reichte von kleinen Schachteln und Schüsseln über Schreibutensilien und lackierten Holzfiguren bis zu elegant gekleideten Puppen und selbstfahrenden Equipagen – oder Kunsthandlung und Verlag des aus Hannover nach Wien gekommenen Kunsthändlers Heinrich Friedrich Müller (1779–1848).Müller, dessen Geschäft sich am Kohlmarkt befand, konnte sich durch die Herausgabe exzellent ausgestatteter Bilder- und Malbücher einen ausgezeichneten Ruf weit über die Grenzen Österreichs hinaus schaffen. Erfolgreichster Autor des Verlags Müller war der Pädagoge und „k. k. Bücher-Censor" Leopold Chimani (1774–1844), dessen vaterländisch-katholisch-moralisierende Kinderbücher – insgesamt waren es über 100 – die Bibliotheken der Zeit füllten. In mit kolorierten Kupfern versehenen Titeln wie Sittengemählde zur Veredelung jugendlicher

Der Klassiker unter dem Christbaum:
das Bilderbuch

Herzen oder Kinder-Schauspiele für den Familienkreis schrieb Chimani anhand einer unendlichen Kette von Fallbeispielen die Tugenden der Biedermeier-Gesellschaft fest: Redlichkeit, Fleiß, Häuslichkeit, Vaterlandstreue – mit bisher nicht gekannter Vehemenz wurde von diesen Büchern jene „Pädagogisierung der Kindheit" (Langer-Ostrawsky) transportiert, die ohne Rücksicht auf die kindliche Psyche rigides Wissens- und Verhaltenstraining forderte.

Kaum weniger fruchtbar war der zweite „volkserzieherische" Umsatzträger Müllers, der protestantische Theologe Jakob Glatz (1776–1831) aus Poprad in der Zips. Glatz, von 1804 bis 1816 Prediger an der evangelischen Gemeinde Wien, richtete einen Teil seiner beliebten moralisch-belehrenden Erzählungen und Lesebücher an junge Mädchen – ein Novum in der Geschichte der Jugendliteratur. Eine nicht unbedeutende Rolle im Bereich der Wiener Kinder- und Jugendbuchproduktion spielte auch der Verlag Anton Pichler, später Anton Pichlers Witwe: 1801 bis 1821 erschien hier Friedrich Justin Bertuchs berühmtes 20-bändiges Bilderbuch zum Nutzen und Vergnügen der Jugend; mit sorgfältig illustrierten Sagenbüchern und Titeln wie Buntes ABC für brave Kinder konnte sich Pichler auch in der zweiten Jahrhunderthälfte erfolgreich am Markt behaupten.

Die Bilderwelt des Kunstverlags Trentsensky

Zum berühmtesten Spielzeughersteller Wiens avancierte die Firma Trentsensky, 1819 gegründet von den Brüdern Matthias (1790–1868) und Joseph Trentsensky (1792–1839). Ursprünglich nur als lithografische Anstalt konzipiert, wurde 1820 von Joseph Trentsensky auf dem Hohen Markt eine Schreib- und Zeichenwarenhandlung eröffnet; das Warenlager und weitere Verkaufsgewölbe befanden sich im Zwettlhof, Stephansplatz 6, ab 1842 im Domherrenhof, Stephansplatz 5. Durch seine liebevoll ausgeführten Erzeugnisse – Bilder- und Mandlbögen, Papiertheater und hölzerne Baukästen – gewann der Kunstverlag Trentsensky bald die Herzen der Wiener Kinder für sich. Begeistert waren diese, wie Reingard Witzmann dokumentieren konnte, vor allem von dem neuen Konzept, das hinter den „Mandlbögen" stand: Jetzt gab es nicht nur die „Manderln" der Reihe nach zum Bemalen und Ausschneiden, sondern Trentsensky produzierte dazu auch passende Kulissen und Versatzstücke, sodass nunmehr eine Vielzahl von Kombinationen möglich wurde. Für die Gestaltung der Bilderbögen gewann der Verlag junge, hervorragende Künstler wie Moritz von Schwind – er schuf die berühmten Ritterszenen –, Joseph Kriehuber, Josef Danhauser oder Johann Matthias Ranftl. Der Name Trentsensky wurde zum Markenzeichen für qualitativ hochwertiges Kinderspielzeug aus Wien.

Kreative Ideen entwickelte vor allem Matthias Trentsensky, der immer wieder selbst zum Zeichenstift griff und es als gelernter Lithograf verstand, diese neue Drucktechnik für den Verlag vorteilhaft einzusetzen. So beruhte der Erfolg des Papiertheaters von Trentsensky, das sich seit 1825 nachweisen lässt, auf dem unkonventionellen Gedanken, nicht die altbekannten Märchenstücke herauszubringen, sondern Bühnenbild und Figurinen nach aktuellen Aufführungen der Wiener Theater zu gestalten. Bis 1868, dem Todesjahr von Matthias Trentsensky, erschienen 41 Theaterstücke mit 243 Figurinenblättern. Zum Aufstellen der ausgeschnittenen Figurinen diente ein „Theatergestell, grundiert, zum Zerlegen, nebst Portal und Cortine, coloriert und vollständig hergerichtet" – wer Lust und Laune verspürte, konnte im Salon Grillparzers „König Ottokars Glück und Ende" inszenieren.

Zur besonderen Attraktion des Verlags Trentsensky wurde ein Spielzeug, das auf einer Erfindung des Wiener Mathematikers und Geodäten Simon Stampfer aus dem Jahre 1832 beruhte: die „Wundertrommel", bekannt auch als „Lebensrad", ein zylinderförmiger Apparat, welcher das Prinzip der von Stampfer entwickelten stroboskopischen Scheibe nutzte – blickte man durch die seitlichen Schlitze auf den innen rotierenden Bildstreifen, auf dem die Figuren in entsprechend „zeitversetzten" Posen abgebildet waren, so entstand der Eindruck, dass diese sich bewegten – Experimente mit optischem Papierspielzeug, mit Guckkästen, Zauberscheiben und der Laterna magica begannen nun auch die Welt des Kindes zu erobern.

Spiele sind nicht für alle da …

Neben der Bilderwelt auf Papier entwickelte sich aber auch jene bunte Palette an Spielsachen, die noch heute die Regale der Spielzeugläden bestimmt: Im Verlag von Heinrich Friedrich Müller erschienen erste „Figuren-Zerlegbilder", die Vorläufer der modernen Puzzle-Spiele, Stein- und Holzbaukästen waren ebenso beliebt wie Karten- und Würfelspiele, Kaufmannsläden und natürlich Puppen – auch die Puppenindustrie nahm im 19. Jahrhundert einen gewaltigen Aufschwung. Die Erfindung des Papiermachés erlaubte eine natürlichere Gestaltung der Puppenköpfe, Holzkugelgelenke sorgten für die entsprechende Gelenkigkeit der Puppen. Der Puppenkörper war ein meist mit Sägemehl gefüllter Stoffbalg, Arme und Beine nähte man aus Ziegen- oder Schafleder – Zelluloidpuppen gelangten erst nach 1900 in den Verkauf. Und

noch gab es kein Kunsthaar – man malte die Haare einfach auf oder benützte Perücken aus Menschenhaar, die prachtvolle modische Frisuren zeigten. Im Gesamterscheinungsbild der Puppe gab es allerdings einen entscheidenden Unterschied zur Babyborn- und Barbie-Puppenwelt von heute: Die Puppen von anno dazumal stellten keine Babys dar und keine Kinder, sie trugen vielmehr die Züge von Erwachsenen, bevorzugt dargestellt wurde der Typus „bürgerliche Hausfrau". Noch galt die Puppe – in konsequenter Umsetzung des zeitgenössischen Erziehungsideals – als ein Abbild jener „großen" Welt, in die das Kind hineinwachsen sollte; erst um die Jahrhundertwende begann das große Umdenken in der Puppenindustrie: Zum Ausgangspunkt für neue Entwürfe wurde nun die kindliche Vorstellungswelt, die man als Wert für sich gelten ließ.

Zu einem Welterfolg im Bereich des Spielzeugs „für Buben" wurde eine Erfindung des Ingenieurs Johann Korbuly (1860–1919) aus dem Jahre 1900: Das Holzbausystem „Matador", von Korbuly als Antwort auf die kaum zufriedenstellenden Spielmöglichkeiten mit herkömmlichen Holzbaukästen entwickelt und zum Patent angemeldet, bestach durch die Vielfalt der „bautechnischen" Varianten, die das ausgeklügelte Zusammenspiel von starren und beweglichen Elementen bot. So überraschend reich und faszinierend sich die Alt-Wiener Spielzeugwelt aus der Perspektive der Nachgeborenen auch zeigen mag – nicht vergessen werden soll, dass diese bunte Welt damals nur einem Teil der Kinder zugänglich war: jenen aus wohlhabenden adeligen und bürgerlichen Familien. Weitgehend oder auch völlig verschlossen blieb sie den Kindern der Kleinbürger, Taglöhner und Industriearbeiter, jenen, die mit zehn, zwölf Jahren für einen Hungerlohn in die Fabrik arbeiten gehen mussten, und dies täglich bis zu dreizehn Stunden lang. Für sie gab es keine Kindheit und kein Spielzeug, auch nicht zu Weihnachten.

Marzipanbrot

250 g weiche Marzipanrohmasse

70 g fein gesiebter Puderzucker

100 g geschälte, fein geriebene Mandeln

10 g glattes Weizen- oder feines Dinkelmehl

20–40 g fein gehacktes Zitronat, Orangeat oder Aranzini

FÜR DIE GLASUR
1 Eiweiß (ca. 30 g)

90 g fein gesiebter Puderzucker

Schuss Zitronensaft

1. Für die Marzipanmasse alle Zutaten in einer Schüssel mit der Hand oder mit dem Knethaken des Handmixers verarbeiten. Masse in Frischhaltefolie wickeln und ca. 1 Stunde kühl stellen.

2. Für die Glasur das Eiweiß mit dem Puderzucker und dem Zitronensaft so lange rühren, bis die Glasur eine stabile Konsistenz erreicht hat.

3. Den Backofen auf 110 °C Heißluft vorheizen.

4. Die Marzipanmasse am besten zwischen zwei Silikonmatten oder einem festeren aufgeschnittenen Gefriersack (die Masse ist sehr klebrig) ca. 6 mm dick und etwa 25 × 22 cm groß ausrollen.

5. Dünn mit der Glasur bestreichen.

6. Marzipanbrot in längliche Schnitten schneiden (da man auf einer Silikonmatte niemals schneiden sollte, unter die ausgerollte Masse eine dünne Teigkarte schieben und darauf schneiden). Schnitten am besten mit einer dünnen Palette oder Winkelpalette auf ein vorbereitetes Backblech legen.

7. Im vorgeheizten Backofen ca. 35 Min. backen (die Glasur soll dabei weiß bleiben).

8. Auskühlen lassen und zum Aufbewahren jeweils nur eine Lage in flache Behälter einlegen.

VARIATIONEN
— Zusätzlich mit Bittermandelöl oder Orangenblütenwasser aromatisieren.

— Anstelle von Zitronat mit beliebigen getrockneten, kandierten oder gedörrten klein geschnittenen Früchten zubereiten.

ZUBEREITUNG VERÄNDERN:
— Die Masse zu einer Rolle mit dem Durchmesser von kleinen runden Backoblaten rollen, in Scheiben schneiden, auf je eine Oblate legen und mit einer zweiten Oblate abdecken. Leicht andrücken, backen und zur Hälfte in Schokoladeglasur tauchen.

— Die Masse kann auch – wie bei den Zimtsternen – auf einer mit gemahlenen Mandeln ausgestreuten Arbeitsfläche ausgerollt und obenauf mit Mandeln bestreut werden.

— Für feine Marzipanfülle bereitet man die Masse ohne Mehl zu und füllt damit gebackene Kekse.

THOMAS HAMMER

HEIMG'FUNDEN

Wenn alle Wochen Weihnacht wär'
Mit all dem Jubelbraus,
Da hätt' mer stets die Taschen leer,
Es haltet's niemand aus;
Es bringt von Freud', sowie vom Leid
Das Übermaß Gefahr,
Und Weihnachtszeit – und Weihnachtszeit
Taugt einmal nur im Jahr!

Da freut sich alt und freut sich jung,
Selbst Leut' mit weißen Haar'n
Sie schwelg'n in der Erinnerung,
(imitierend) „Wie froh wir Kinder war'n!"
Da wird die Brust ein'm jeden weit,
Daß kein'm er wehthun möcht';
Zur Weihnachtszeit – zur Weihnachtszeit
Behalt' das Herz sein Recht.

Wenn ein'r der Kummer auch bedrückt,
So soll er nit verzag'n,
Das, was zum Höchsten uns beglückt,
Verlauft ja in paar Tag'n,
So kann sich ihm, wenn er das Leid
Auch zählen thät' nach Jahr'n,
Sein' Weihnachtszeit – sein' Weihnachtszeit
Mit einmal offenbar'n.

Und auf den Engelgruß aus Höh'n,
Der Frieden uns verheißt,

Hat eine Hoffnung, groß und schön,
Gebaut des Menschen Geist:
Daß einst sich aller Haß und Streit
Von dieser Welt verliert
Und eine große Weihnachtszeit
Für alle Menschen wird.

(Erster Akt, 13. Szene)

187

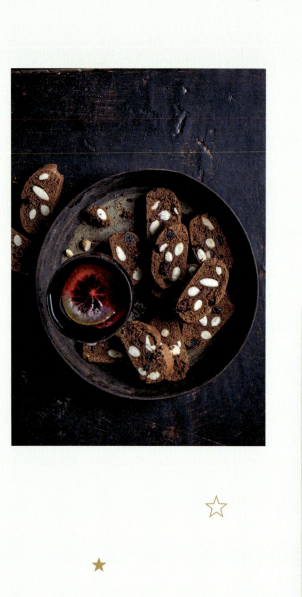

Fröhliche
WEIHNACHTEN

Hutzelbrot (Früchtebrot)

FÜR DIE FÜLLE

50 g Datteln

200 g Kletzen (Dörrbirnen)

100 g getrocknete Feigen

150 g Dörrzwetschken

100 g ganze Haselnüsse

100 g ganze Walnüsse

100 g Orangeat

200 g Rosinen

Prise Salz

10 cl Rum (60 oder 38 % Vol.)

½–1 TL Zimt

½ TL Lebkuchengewürz

Evtl. ¼ TL gemahlener Ingwer

125 ml heißes Wasser (wenn die Früchte sehr trocken sind, Wasseranteil erhöhen)

FÜR DEN TEIG

250 g glattes Weizen- oder feines Dinkelmehl

20 g Feinkristallzucker

Prise Salz

½ Pkg. Trockenhefe

125 ml lauwarme Milch

1. Für die Fülle sämtliche Früchte und Nüsse grob faschieren, in der Küchenmaschine grob hacken oder mit dem Messer nicht zu fein hacken. Mit den restlichen Zutaten vermengen und zugedeckt ca. 3 Stunden ziehen lassen.

2. Dann für den Teig Mehl, Zucker und Salz in eine Schüssel geben. Hefe mit lauwarmer Milch auflösen und zugeben. Die Fruchtmasse hinzufügen und alles gut abmischen bzw. verkneten. (Die Masse soll sich vom Schüsselrand lösen.) Ist der Teig zu weich, noch etwas Mehl einarbeiten, ist er zu fest, Rum zugeben.

3. Teig zu einer Kugel formen, in die Schüssel legen und mit einem Tuch abgedeckt ca. 3 Stunden warm gehen lassen.

4. Den Teig in 4 Stücke teilen und zu länglichen Striezeln formen. Nochmals zugedeckt 1 Stunde gehen lassen.

5. Den Backofen auf ca. 170 °C vorheizen.

6. Striezel auf ein vorbereitetes Backblech legen und im vorgeheizten Backofen 10 Min. anbacken. Hitze auf 160 °C reduzieren und ungefähr 25 Min. fertig backen.

7. Aus dem Backofen nehmen, mit einem Küchentuch abdecken und auskühlen lassen.

8. Am nächsten Tag in Frischhaltefolie wickeln und 2 Tage reifen (rasten) lassen.

VARIATIONEN

— Mit beliebigen Gewürzen wie Spekulatius, Nelken, gemahlener Muskatblüte, Bittermandelöl, Orangen- oder Zitronenschale oder Kardamom zusätzlich aromatisieren.

— Hasel- und Walnüsse durch andere Nüsse oder eine Nussmischung ersetzen.

— Anstelle von Orangeat mit getrockneten Preiselbeeren zubereiten.

Dieses weihnachtliche Früchtebrot passt – wenn es sehr dünn aufgeschnitten wird – auch ganz hervorragend zu feinem Käse oder frischer Bauernbutter.

Werden die dünnen Scheiben getrocknet, so ergibt das wiederum herrliches Knabbergebäck. Sogar als Einlage in Wein-, Most- oder beliebige Schaumsuppen eignet sich das getrocknete Früchtebrot.

In netter Verpackung ideal als Mitbringsel geeignet.

Frau Percht

Der Vorabend des Dreikönigstags, der die heiligen zwölf Tage der Mittwinterzeit abschließt und in alter Zeit bei der Landbevölkerung nur als „Perchtentag" bekannt war, wurde früher besonders feierlich begangen. Im Tirolerischen hieß dieser Tag „Gömmacht", „Gömmat" oder „Gönnacht", wohl eine Ableitung von „Gebnacht", einem Begriff, in dem sich die wichtigste Aufgabe dieses Tages spiegelte: Es galt, die Percht, das gefürchtete gespenstische Wesen mit der „eisernen Nase", wohl die dämonisierte Nachfahrin einer keltischen Liebes-, Fruchtbarkeits- und Muttergöttin und eng verwandt mit der Frau Holle, durch Gaben günstig zu stimmen. Am besten ließ man daher von jeder Speise etwas übrig und stellte Köstlichkeiten wie schmalzige Nocken, Eier, Speck und Schinken in einer Schüssel für sie am Hausdach bereit. In Lienz in Osttirol warf man, wie bereits Urkunden des 13. und 14. Jahrhunderts berichten, Käse in den Bach, um diese „alte Göttin" bei Laune zu halten – fürchtete man doch ihre schrecklichen Strafen, die bis zum Aufschlitzen des Bauches gehen konnten.

Im Obersteirischen und im Mostviertel glaubte man, dass die Perchtmuada oder auch Sampermuada in der dritten „feisten" Raunacht ihren letzten Rundgang machen und die Arbeit der Bauern kontrollieren würde – bis dahin sollten Roggen und Weizen gedroschen sein, für Hafer und Gerste hatte man dagegen bis Maria Lichtmess Zeit. Man fegte deshalb sorgfältig den Tennenboden und stellte für die Percht ein Speisenopfer bereit, die Sampermilch oder das Samperkoch, bestehend aus Milch, in die man Semmeln oder „bochane Knedel" bröckelte. Bevor man das Gericht der strengen Überirdischen widmete, aß die gesamte Familie jedoch noch selbst gemeinsam aus der Schüssel zu Abend, dabei sollte man, so der alte Brauch, neun verschiedene Gerichte essen, wobei von jedem ein Rest für die Heiligen Drei Könige auf dem Tisch stehen gelassen wurde. Dann legte man die Löffel waagrecht auf den Rand des Gefäßes – sie durften während der Nacht nicht in die Milch fallen, geschah dies dennoch, galt es als böses Vorzeichen für den Inhaber des Löffels. Eine Variante dieses Orakelbrauchs bestand darin, dass die Sampermilch so dickflüssig zubereitet wurde, dass die senkrecht hineingesteckten Löffel stehen blieben, fiel ein Löffel dennoch über Nacht um, musste sein unglücklicher Benützer im kommenden Jahr mit dem Tod oder einem schweren Schicksalsschlag rechnen.

Das Orakelspiel mit den Löffeln kannte noch weitere Verfeinerungen. So war es auch üblich, die Löffel mit der Höhlung nach oben in die Schüssel zu lehnen. Überzog sich ein Löffel in der Nacht mit Rahm, so konnte sein Inhaber für das kommende Jahr mit Glück und Reichtum rechnen; drehte sich der Löffel aber um, bedeutete auch dies Unglück und Tod. Ein beliebtes Orakelspiel in der Perchtennacht war in manchen Gegenden Österreichs auch das „Schuhwerfen", von dem etwa Peter Rosegger in seinem Buch Als ich noch ein Waldbauernbub war berichtet. Dabei warf man die Schuhe über den Rücken und schloss aus der Lage der Schuhe auf die Zukunft.

Begleitet wurde die gestrenge Perchtmuada auf ihrem Rundgang über die Tennenböden von neun oder auch dreizehn kleinen ungetauften Kindern, den „Zodawascheln", mit denen sie von der Sampermilch aß und auf dem Tennenboden tanzte. Wehe dem Neugierigen, der versuchte, die Gäste aus der Anderswelt zu belauschen – er wurde mit einjähriger Blindheit gestraft. Wie der Scheibbser Heimatkundler Hans-Hagen Hottenroth berichtet, soll einem Knecht aus Scheibbsbach, der lauschte, Folgendes passiert sein: Die Perchtmuada spürte die Anwesenheit des fürwitzigen Knechts und sagte: „Schau, dort hinterm Ofen brennt a Lichterl!" Eines der Zodawascheln antwortete: „Nau, tuan ma's holt auslöschn!", und schon hatte der arme Knecht sein Augenlicht verloren. Im Jahr darauf sagte die Perchtmuada: „Schau, da hinterm Ofn is so finster!", und daraufhin blies das Zodawaschel dem Knecht das Augenlicht mit den Worten „Nau, dann zünd ma holt a Lichterl au!" wieder ein …

Und aus Puchenstuben im Ötscherland ist eine Perchtensage überliefert, in der sich die alten „heidnischen" Vorstellungen und der christliche Erlösungsgedanke in seltsamer Weise verbinden: „In der Perchtnacht hat sich der Knecht vom ‚Moabauern' einmal in der Stube hinter dem Kasten versteckt. Da hat er gesehen, wie die Percht mit ihren Kindern von der Sampermilch gegessen und dann in der Stube getanzt hat. Schließlich sind wieder alle miteinander fortgegangen, nur eines der Kinder ist zurückgeblieben und da hat der Knecht hinter dem Kasten hervorgerufen: ‚Geh nur schön nach, du Zodawascherl, du!' Da hat das Kind gejubelt und seine Arme geschwungen, als ob es fliegen wollte, und hat ausgerufen: ‚I hob scho an Naum, i hob scho an Naum, jetzt kann i in'n Himml kumma!', und ist verschwunden. Wie der Knecht aber in der Früh aufsteht, merkt er, dass er stockblind ist. Die alte Hiasbäuerin hat den Knecht getröstet und ihm geraten, er soll sich das nächste Jahr wieder hinter den Kasten stellen. Dieser befolgte den Rat und als die Percht mit den Kindern getanzt hatte, sagte sie zu einem: ‚Geh, mach's Türl wieder auf!' und der Knecht hat wieder gesehen."

Pechtra baba jagat

Auch in Kärnten war die Frau Percht zur bösen Hexe geworden. Man glaubte, dass sie in verschiedener Gestalt ihr Unwesen treiben würde: als Kröte etwa oder als Weib ohne Kopf, das auf einem Besen durch die Lüfte ritt und durch den Rauchfang in die Häuser gelangte. Niemand zweifelte daran, dass sie mit dem Teufel im Bunde stand; besonders verschrien als Tummelplatz der Frau Percht war die Saualpe. Fantasievoll malte man sich die Attribute dieser Schreckgestalt aus: riesige Augen wie „Stadelreiter" würde sie haben, „bachscheiterlange Zähnt und a tenntorweits Maul", an den Händen würde die Menschenfresserin Eisenhandschuhe tragen und damit Kinder und Erwachsene aus ihren Häusern reißen und in die Nacht hinaus entführen. Die Opfer hätte man dann meist tot im Schnee gefunden. So erzählte man sich, dass bei einem Mölltaler Bauern, der vergessen hatte zu räuchern, ein Angehöriger des Hausgesindes von der Frau Percht des Nachts mitgenommen worden wäre, am nächsten Morgen hätte sie den Bedauernswerten mit seltsamen fremden Blumen an den Händen wieder zurückgebracht. In vielen Fällen seien die von der Percht geraubten Menschen jedoch spurlos verschwunden geblieben.

Um sich vor dem Besuch der gefürchteten Unholdin am „Perchtelabend", der in Unterkärnten als „Heiliger Abend" oder als „dritter Heiliger Abend" bezeichnet wurde, zu schützen, drückte man mit dem Schlüsselbart verschiedene Zeichen in die Unterseite der Brotlaibe; manche Bauern verabsäumten es nicht, auch noch den Drudenfuß auf die Stalltüren zu zeichnen und danach ihr Anwesen einmal ganz zu umschreiten. Am wichtigsten war natürlich, dass man Haus und Hof ordentlich geputzt und gereinigt hatte – wer dies nicht getan hatte, lief Gefahr, dass ihm die Percht den Bauch aufschlitzte und mit dem Unrat des Hauses anfüllte. Mancherorts stellte man auch noch gefüllte Nudeln auf den Küchentisch – kostete die Percht davon, so durfte man sich ein gutes Jahr erwarten.

In Unterkärnten und im unteren Rosental war es Brauch, dass die „Perchtel" am Abend vor dem Dreikönigstag von einer Frau dargestellt wurde. Als alte Frau mit schwarzem Schlapphut und herabhängenden Haaren, das Gesicht und die Hände rußgeschwärzt, bekleidet mit einem schwarzen Kittel und dunklem Pelz, zog diese von Haus zu Haus, in der Linken einen Henkelkorb mit allerlei Gaben tragend, in der Rechten eine zweizinkige Backofengabel, eine Hacke oder eine Säge, mit der sie die Kinder schreckte. Die Backofengabel erwies sich dabei als besonders praktisch, denn an diese hängte sie ihre „Beute": Betrat die Frau Percht eine Stube, so rief sie: „A Wurst oder an Buabm!" – die Hausmutter zögerte dann nicht, ihr eine Wurst auszuhändigen, die sie an die Backofengabel band. Im Gegenzug warf die Alte den Kindern Kletzen, Nüsse und gedörrte Zwetschken zu, dies aber nur, wenn die Kleinen versprachen, brav zu sein, und ihre rechte Gesinnung durch das prompte Vorsagen kurzer Gebete ad hoc demonstrierten. Hatte die Percht dagegen den Eindruck, dass die Kinder schlimm waren, so gab es nur Kartoffeln oder Rüben als „Geschenk" und dazu manchmal auch noch einen unsanften Stoß mit der Backofengabel.

Auch aus dem Mölltal ist eine verkleidete „Perchtel" überliefert; sie trug eine hölzerne Maske und eine große Schelle oder Kuhglocke auf dem Rücken. Ihr Spruch lautete: „Kinder oder Speck, derweil geah i nit wek!" – Nikolaus, Krampus und Frau Percht, christliche und „heidnische" Glaubenswelt sind in diesen Auftritten der Frau Percht eine seltsame Symbiose eingegangen.

Zu den Kärntner Bräuchen rund um die Frau Percht, von der man vielfach glaubte, dass sie die Tochter des blutrünstigen Königs Herodes sei, gehörte auch das „Perchtel- oder Perchtenjagen", das die Slowenen Pechtra baba jagat nennen. Wie der Volkskundler Georg Graber in seinem Buch Volksleben in Kärnten berichtet, war es dabei in den Dörfern des unteren Gailtales üblich, dass man zunächst gemeinsam am Vorabend des Dreikönigstags betete und auf dem Platz, wo man sich versammelt hatte, ein Feuer entzündete. Dann verkleidete sich ein Bub als „Perchtel" und lief in die Dunkelheit davon, verfolgt von der übrigen Meute, die mit Schellen, Kuh- und Ziegenglocken einen „Heidenlärm" produziert. Vor jeder Haustür wird haltgemacht und angeklopft; das ganze Dorf wird in das Ritual einbezogen, soll es doch das Vieh beschützen und böse Geister abhalten. Und Pechtra baba steht nicht zuletzt auch für den Winter, der durch diesen „Bewegungszauber" vertrieben werden soll. Ob das Perchtenjagen, wie Georg

Graber meinte, aus „der kultischen Betätigung der altgermanischen Männerbünde" hervorgegangen ist, sei dahingestellt, im alten Keltenland Kärnten hatten germanische Vorstellungen wohl kaum Einfluss auf den Kult.

Einen alten Bewegungszauber kannte man auch im Lesach- und oberen Gailtal. Er diente der Fruchtbarkeit des Flachses, der in dieser Gegend eine große Rolle spielte. Beim „Haarlangfahren" oder „Haarlangreiten" fuhren am 5. Jänner die Kinder mit ihren Handschlitten von den Almen zu Tal, und zwar so, dass möglichst lange Bahnen entstanden. Je länger eine Schlittenbahn war, desto besser geriete, so glaubte man, im kommenden Jahr der Flachs. Das „Haarlangfahren" war auch im niederösterreichischen Waldviertel, dem Zentrum des Flachsanbaus, bekannt; hier spannten die Bauern jedoch die Pferde vor den Schlitten, um eine möglichst lange Bahn zu erhalten.

Weihnachtsstollen

1 Pkg. Trockenhefe oder
40 g frische Hefe

50 g Feinkristallzucker

150 ml lauwarme Milch

500 g glattes Weizen- oder
feines Dinkelmehl

180 g geschmolzene Butter

2 Eigelb oder 1 Ei

1 Pkg. Vanillezucker

Prise abgeriebene Zitronenschale oder Zitronenschalen-
pulver

Prise Zimt

Prise Kardamom

Prise Salz

2 cl Rum 60 % Vol.

70 g klein gehackte Aranzini

70 g klein gehacktes Zitronat

150 g in Rum eingelegte
Rosinen

40 g Mandelstifte

100 g zerlassene Butter
zum Bestreichen

Ca. 120 g fein gesiebter
Puderzucker, mit
20 g Vanillezucker vermischt
zum Bestreuen

1. Hefe mit einer Prise Zucker in lauwarmer Milch auflösen und ca. 10 Min. gehen lassen.

2. Mehl in eine Schüssel geben, Butter, Eigelb oder Ei, Hefegemisch, restlichen Zucker, Vanillezucker, Zitronenschale, Zimt, Kardamom, Salz sowie Rum zugeben und alles zu einem festen Teig verarbeiten. Abdecken und an einem warmen Ort ca. 1 Stunde gehen lassen.

3. Dann in den aufgegangenen Teig Aranzini, Zitronat, eingelegte Rosinen sowie Mandelstifte einarbeiten und nochmals durchkneten.

4. Teig auf einer leicht bemehlten Arbeitsfläche ausrollen (dabei in der Mitte etwas dünner halten als an den Seiten). Die dickeren Außenkanten zur Mitte hin einschlagen und mit dem Rollholz andrücken.

5. Auf ein vorbereitetes Backblech legen (alternativ den Stollen in eine gezackte Kuchenform geben) und nochmals an einem warmen Ort ca. ½ Stunde aufgehen lassen.

6. Den Backofen auf 155–165 °C Heißluft vorheizen.

7. Stollen in den Backofen schieben und ungefähr 50–60 Min. backen (siehe dazu Tipp unten).

8. Herausheben und den heißen Stollen mehrmals mit zerlassener Butter bestreichen. Mit dem mit Vanillezucker aromatisierten Puderzucker dick bestreuen, evtl. mit der Hand leicht einmassieren und auskühlen lassen. In Frischhaltefolie einwickeln und einige Tage reifen (ruhen) lassen.

Um festzustellen, ob der Stollen durchgebacken ist, sticht man das Gebäck mit einem dünnen Holz- oder Metallstäbchen in der Mitte an. Bleibt noch Teig daran hängen, muss der Stollen weitergebacken werden.

VARIATIONEN

— Beliebig andere getrocknete Früchte wie Ananas, Marillen, Korinthen, Sultaninen oder Ingwer in den Teig einarbeiten.

— Etwa 50 g geröstete Mandel- oder Haselnussblättchen, Kürbiskerne, Pignoli, Pistazien oder grob gehackte Wal- oder Pekannüsse unter den Teig mengen.

— Teig mit etwas Bittermandelöl aromatisieren.

— Den Zucker zum Bestreuen zusätzlich mit Zimt mischen.

ZUBEREITUNG VERÄNDERN:

Für Weihnachtsstollen mit Mohn ersetzen Sie die Fruchtmasse durch Mohnfülle: Dafür 150 ml Milch mit 40 g Zucker aufkochen, 130 g gemahlenen Mohn einrühren und ½ Stunde ziehen lassen. Teig rechteckig ausrollen, die Mohnmasse in der Mitte auftragen und zu einem Stollen formen.

Für Weihnachtsstollen mit Nüssen verwenden Sie anstelle von Mohn Nüsse.

Für Weihnachtsstollen mit Marzipan eine Marzipanrolle als Füllmasse verwenden: Dafür 120 g Rohmarzipan mit 1 Eigelb, etwas Vanillezucker, 50 g Aranzini oder beliebigen Früchten sowie 50 ml Orangenlikör vermengen und mit einem Dressiersack entlang der Längsseite des ausgerollten Teiges mit etwas Abstand aufdressieren. Teig mitsamt der Fülle bis zur Mitte hin einklappen und die andere Teighälfte darüberschlagen. Dann nochmals die gefüllte Teighälfte zur Mitte hin einschlagen und leicht andrücken. Wie beschrieben backen.

Rezeptregister

Quellennachweis

Abraham a Sancta Clara, Item fragt der Nicola, aus: Abrahamisches Gehab dich wohl! oder Urlaube In diesem End-Wercke seiner Schrifften (...). Nürnberg-Wien 1729

Anonymus, O mein allerliebstes Jesulein, aus: Marie Bayer-Jüttner, Das Weihnachtslied in der österreichischen Barockdichtung. (Phil. Diss.) Wien 1954

Heinrich Anschütz, Die Christbaum-Suche, aus: Heinrich Anschütz, Erinnerungen aus dessen Leben und Wirken. Wien 1866

Ludwig Anzengruber, Gesammelte Werke in zehn Bänden. Zehnter Band. Stuttgart 1898 (Heimg'funden)

Eduard von Bauernfeld, Der Vater am Christabend, aus: Eduard von Bauernfeld, Gedichte. Zweite vermehrte Auflage. Leipzig: Brockhaus 1856

Ada Christen, Hörst auch du die leisen Stimmen?, aus: Ada Christen, Gesammelte Gedichte. Hamburg: Hoffmann & Campe 1874

Ludwig Hevesi, Weihnachten, aus: Der zerbrochene Franz nebst anderen Humoresken und Geschichten von Ludwig Hevesi. Stuttgart 1900

Karl Kraus, Weihnacht, aus: Karl Kraus, Die chinesische Mauer. München 1910

Josef Leitgeb, Am Thomasmarkt in Salzburg, aus: Josef Leitgeb, Das unversehrte Jahr. Chronik einer Kindheit. Hrsg. von Manfred Moser. Innsbruck-Wien, 1997 (= Ges.Werke, Bd. 1). © Tyrolia Verlag, Innsbruck-Wien; Abdruck mit freundl. Genehmigung des Verlags.

Heinrich Ritter von Levitschnigg Ein Krampus aus Pflaumen vulgo Zwetschkenkrampus, aus: Heinrich Ritter von Levitschnigg, Wien wie es war und ist. Pest und Wien: Hartleben's Verlags-Expedition 1860

Der Ochsen Weissagung, aus: Karl Haiding, Österreichs Sagenschatz. Wien 1965

Karoline Pichler, Nikolaus und Krampus, aus: Karoline Pichler, Zeitbilder. Band I. Wien 1841

Moritz Gottlieb Saphir, Der Humorist, 24. Dezember 1848, Nr. 282 und 283, S. 1

Adalbert Stifter, Vom Christkinde, aus: Adalbert Stifter, Sämtliche Werke. Herausgegeben von August Sauer u. a. Prag 1901 ff.

Frances Trollope, Advent in Wien, aus: Frances Trollope, Wien und die Österreicher, Band II. Leipzig 1838

Dieselbe, Weihnachtsbescherung bei der Fürstin Metternich, aus: Trollope, Wien und die Österreicher, 1838

Josef Weinheber, Das Licht, aus: Josef Weinheber, O Mensch, gib acht. München: 1937. @ by Otto Müller Verlag, Salzburg; Abdruck mit freundlicher Genehmigung des Verlags. Aus „O Mensch, gib acht" stammt auch das Zitat auf der Rückseite des Schutzumschlags (Anbetung des Kindes)

Ausgewählte Literatur

Hermann Bausinger, Anmerkungen zum Verhältnis von öffentlicher und privater Festkultur. In: Düding/Friedemann/Münch (Hrsg.), Öffentliche Festkultur, 1988, S. 390–400

Marie Bayer-Jüttner, Das Weihnachtslied in der österreichischen Barockdichtung. (Phil. Diss.) Wien 1954

Emil Karl Blümml und Gustav Gugitz, Alt-Wiener Krippenspiele. Wien 1925

Emil Karl Blümml und Gustav Gugitz, Von Leuten und Zeiten im alten Wien. Wien 1922

Herta Broneder, „Der schöne Lebenskreis". Bürgerliche Weihnachtsfeier anno 1820. In: Die Presse, 21./22. Dezember 1963, S. 6 f.

Ernst Burgstaller, Lebendiges Jahresbrauchtum in Oberösterreich. Salzburg 1948

Felix Czeike, Advent- und Weihnachtsbräuche im alten Wien. In: Wiener Geschichtsblätter 45 (Wien 1990, S. 220–231)

Felix Czeike, Historisches Lexikon-Wien in 5 Bänden. Wien 1992–1997

Felix Czeike, Weihnachten im alten Wien. In: Wiener Monatshefte 12 (Wien 1965), Seite 24 ff.

Dieter Düding/Peter Friedemann/Paul Münch (Hrsg.), Öffentliche Festkultur. Politische Feste in Deutschland von der Aufklärung bis zum Ersten Weltkrieg. Reinbek bei Hamburg 1988

Hanna Egger, Weihnachtsbilder im Wandel der Zeit. Wien und München 1978

Andrea Euler-Rolle, Zwischen Aperschnalzen und Zwetschkenkrampus. Oberösterreichische Bräuche im Jahreskreis. Linz 1993

Richard Faber und Esther Gajek (Hrsg.), Politische Weihnacht in Antike und Moderne. Zur ideologischen Durchdringung des Fests der Feste. Würzburg 1997

Helmut Paul Fielhauer, Christbaum-Nachlese. In: Österreichische Zeitschrift für Volkskunde 82 (1979), S. 282–299

Doris Foitzik, Kriegsgeschrei und Hungermärsche. Weihnachten zwischen 1870 und 1933. In: Faber/Gajek, Politische Weihnacht, 1997, S. 217–247

Gorg Graber, Volksleben in Kärnten. Graz 1949

Gustav Gugitz, Das Jahr und seine Feste im Volksbrauch Österreichs: Verlag Brüder Hollinek Wien 1950

Susanne Hawlik und Wolfgang Slapansky, Familienfeste – die konstruierte Idylle. In: Elisabeth Vavra (Hrsg.), Familie. Ideal und Realität, Horn 1993, S. 241–257

Verena von der Heyden-Rynsch, Europäische Salons. Höhepunkte einer versunkenen weiblichen Kultur. München 1992

Hubert Kaut, Alt-Wiener Spielzeugschachtel. Wiener Kinderspielzeug aus drei Jahrhunderten. Mit Beiträgen von Gabriele Folk-Stoi,

Gertrud Wernigg und Christian M. Nebehay. Wien 1961

Franz Kießling, Das deutsche Weihnachtsfest in seinen Beziehungen zur germanischen Müthe (sic!). Wien 1902

Das Kind und seine Welt. Ausstellungskatalog des Historischen Museums der Stadt Wien. Wien 1959

Kindsein in Wien. Zur Sozialgeschichte des Kindes von der Aufklärung bis ins 20. Jahrhundert. Ausstellungskatalog des Historischen Museums der Stadt Wien. Wien 1992

Otto Koenig, Kulturethologische Betrachtungen des Klaubaufgehens. In: Maske – Mode – Kleingruppe. Beiträge zur interdisziplinären Kulturforschung. Hrsg. vom Institut für Vergleichende Verhaltensforschung der Österreichischen Akademie der Wissenschaften. Wien-München 1981, S. 45–58

Walter Koschatzky, Aus dem Tagebuch des Erzherzogs Johann von Österreich. In: Albertina-Studien 1965, N. 3, Seite 154 ff.

Walter Koschatzky, Rudolf von Alt. Salzburg 1975

Leopold Kretzenbacher, Lutzelfrau und Pudelmutter. Ein Beitrag zur Sagenkunde des Burgenlandes. In: Burgenländische Heimatblätter, 13. Jg. (1951), S. 162–172

Leopold Kretzenbacher, Santa Lucia und die Lutzelfrau. Volksglaube und Hochreligion im Spannungsfeld Mittel- und Südosteuropas. München 1959 (= Südosteuropäische Arbeiten 53)

Markus Kreuzwieser, „machet auf den türel/machet auf den türel“. Streifzüge zur Weihnachtsthematik in der österreichischen Literatur. In: Faber/Gajek, PolitischeWeihnacht, 1997, S. 119–140

Krippen und andere Weihnachtsdarstellungen aus dem Ybbs- und Erlaftal. Ausstellungskatalog der Kammer für Arbeiter und Angestellte, Amtsstelle Scheibbs (Text: Hans-Hagen Hottenroth). Scheibbs 1967

E. M. Kronfeld, Der Weihnachtsbaum. Botanik und Geschichte des Weihnachtsgrüns. Seine Beziehungen zu Volksglauben, Mythos, Kulturgeschichte, Sage, Sitte und Dichtung. Oldenburg und Leipzig o. J.

Gertrude Langer-Ostrawsky, Erziehung. In: Elisabeth Vavra (Hrsg.), Familie. Ideal und Realität, Horn 1993, S. 151–161

Hermann Mang, Unsere Weihnacht. Volksbrauch und Kunst in Tirol. Innsbruck-Wien-München 1932

Kurt Mantel, Geschichte des Weihnachtsbaumes und ähnlicher weihnachtlicher Formen. Hannover 1977

Johann Michal, Der Nikolo wie er in der Legende und in den Volkssitten lebt und leibt. Zugleich die Erklärung der schönen Volksgebräuche und deren Zusammenhang mit der altgermanischen Mythe. Christdorf in Mähren 1902

Katharina Novy und Gert Dressel, Von Maikäfern und Masters. Kinderspiel seit 1800. In: Elisabeth Vavra (Hrsg.), Familie. Ideal und Realität, Horn 1993, S. 162–173

Karlheinz Rossbacher, Literatur und Liberalismus. Zur Kultur der Ringstraßenzeit in Wien. Wien 1992

Leopold Sailer, Der Christkindelmarkt. In: Die Wohnung, 1. Jg., Heft 8 (Oktober 1930)

Dieter Schellong, Schleiermachers „Weihnachtsfeier“. Ein Dokument des evangelischen Bürgertums zum Anfang des 19. Jahrhunderts. In: Faber/Gajek, Politische Weihnacht 1997, S. 75–85

Richard Sennett, Fleisch und Stein. Der Körper und die Stadt in der westlichen Zivilisation. Berlin 1995

Bartel F. Sinhuber, Weihnachten im alten Wien. Geschichten und Erinnerungen, gesammelt und herausgegeben von Bartel F. Sinhuber. Wien 1990

Leopold Teufelsbauer, Das Jahresbrauchtum in Österreich (1. Niederösterreich) Wien 1935

Alexander Tille, Die Geschichte der Deutschen Weihnacht. Leipzig 1893

Alexandra Tscheitschonig, „Gleichsam das Kunst-Rendezvous der Fremden“. Der literarische und musikalische Salon Fanny von Arnsteins. (Dipl.-Arb.) Wien 1996

Elisabeth Vavra (Hrsg.), Familie. Ideal und Realität. Katalog des Niederösterreichischen Landesmuseums Neue Folge Nr. 316 zur Niederösterr. Landesausstellung 1993. Horn 1993

Ingeborg Weber-Kellermann, Die deutsche Familie. Versuch einer Sozialgeschichte. Frankfurt am Main 1974

Ingeborg Weber-Kellermann, Das Weihnachtsfest. Eine Kultur- und Sozialgeschichte der Weihnachtszeit. Luzern-Frankfurt am Main 1978

Reingard Witzmann, „Zum Nutzen und Vergnügen“. Kunterbuntes Spielzeug und allerlei Spiele. In: Kindsein in Wien. Zur Sozialgeschichte des Kindes von der Aufklärung bis ins 20. Jahrhundert. Ausstellungskatalog des Historischen Museums der Stadt Wien. Wien 1992, S. 32–45

Reingard Witzmann, Die kleine Welt des Bilderbogens. Der Wiener Verlag Trentsensky. Ausstellungskatalog des Historischen Museums der Stadt Wien. Wien 1977

Richard Wolfram, Christbaum und Weihnachtsgrün. In: Österreichischer Volkskunde-Atlas. Unter der Patronanz der Österreichischen Akademie der Wissenschaften herausgegeben von Richard Wolfram und Egon Lendl, 2. Lieferung

Bildnachweis

akg-pictures/picturedesk.com: 49

Emil Karl Blümml und Gustav Gugitz, Alt-Wiener Krippenspiele. Wien 1925: 137

k. A. / Imagno / picturedesk.com: 157 (Wiener Werkstätte Nr. 479)

Kunsthandel Giese & Schweiger, Wien: 101

Österreichisches Museum für Volkskunde, Wien (Fotos: Willfried Gredler-Oxenbauer): 57

Österreichisches Volkshochschul-archiv/Imagno/picturedesk.com: 123

Privatbesitz: 179

Sammlung Dr. Ingrid Hänsel: 7, 58, 63, 83, 86, 115, 124, 133, 160, 195

Sammlung Sachslehner: 43 (aus: Hermann Mang, Unsere Weihnacht. Innsbruck 1932), 85, 173

Wien Museum: 22, 79, 80

Die Illustration auf Seite 21 ist dem Band „Kärnten und Krain" des Sam-melwerks „Die Österreichisch-unga-rische Monarchie in Wort und Bild" (Wien 1891) entnommen.

Autor und Verlag bedanken sich für die freundlichen Abdruckgenehmi-gungen. Die Rechtslage bezüglich der einzelnen Bildvorlagen wurde sorg-fältig geprüft. Eventuell berechtigte Ansprüche werden bei Nachweis vom Verlag in angemessener Weise abgegolten.

Team

INGRID PERNKOPF, geboren in Gmunden am Traunsee, führte von 1989 bis 2016 gemeinsam mit ihrem Mann Franz das Gasthaus »Grünberg am See«. Basierend auf ihrer enormen Sammlung tradi-tioneller Rezepte erschienen im Pichler Verlag zahlreiche Kochbuch-Bestseller, zuletzt »Süßes Österreich« (2020) und »Knödelschatz« (2021). Im August 2016 verstarb Ingrid Pernkopf nach kurzer, schwerer Krankheit.
www.gruenberg.at

JOHANNES SACHSLEHNER, geb. 1957 in Scheibbs, studierte an der Universität Wien Germanistik und Geschichte (Dr. phil.). Als Autor und Lektor ist er Spezialist auf dem Gebiet der österreichischen Kul-tur- und Alltagsgeschichte. Von Johannes Sachslehner sind im Styria Verlag bereits zahlreiche Publikationen zu historischen Themen erschienen, zuletzt »Eintauchen in den Wienerwald« (2021) und »Wien – Biografie einer vielfältigen Stadt« (2021).

KATHRIN GOLLACKNER entdeckte schon früh ihre Leidenschaft fürs Fotografieren. Nach dem Studium der Kommunikationswissen-schaften, dem Besuch der Prager Fotoschule Österreich und zahl-reichen Reisen arbeitet sie nun als selbstständige Fotografin.
www.kathringollackner.at

BERNADETTE WÖRNDL hat an der Wiener Kochschule Food Art für sich entdeckt, Erfahrungen in Profiküchen gesammelt und einige Zeit in San Francisco im Chez Panisse gearbeitet. In Wien hat sie bei Babette's Spice and Books for Cooks, einem Kochbuch- und Gewürzgeschäft innovative Genüsse komponiert und Geschmäckern eine neue Note verliehen. Bernadette ist Kochbuchautorin, Foodsty-listin, Privatköchin und entwickelt Rezepte.
www.bernadettewoerndl.at

STEFANIE WAWER studierte Grafikdesign in Münster und Göteborg und gestaltet jetzt seit mehr als 10 Jahren als selbständige Designerin mit viel Herzblut Bücher und andere schöne Dinge.
www.stefaniewawer.de

Hat Ihnen dieses Buch gefallen? Dann freuen wir uns über Ihre Weiter-
empfehlung. Erzählen Sie es im Freundeskreis, berichten Sie Ihrem
Buchhändler, oder bewerten Sie beim Onlinekauf.

Wünschen Sie weitere Informationen zum Thema? Möchten Sie mit uns
in Kontakt treten? Wir freuen uns auf Austausch und Anregung unter
leserstimme@styriabooks.at

Inspiration, Geschenkideen und gute Geschichten finden Sie auf
www.styriabooks.at

STYRIA
BUCHVERLAGE

© 2021 by Styria Verlag
in der Verlagsgruppe Styria GmbH & Co KG
Wien – Graz
Alle Rechte vorbehalten.
ISBN 978-3-222-13683-2

Bücher aus der Verlagsgruppe Styria gibt es
in jeder Buchhandlung und im Online-Shop
www.styriabooks.at

COVERGESTALTUNG: Stefanie Wawer
LAYOUT UND BUCHGESTALTUNG: Stefanie Wawer
PROJEKTLEITUNG UND REDAKTION: Jasmin Parapatits
HERSTELLUNG: Maria Schuster
FOODSTYLING: Bernadette Wörndl
FOTOS: Kathrin Gollackner
FOTOS von Seite 6, 7 & 65 mit freundlicher Genehmigung
von SalzburgerLand (www.salzburgerland.com) und
Stille Nacht (www.stillenacht.com)
REZEPTE angepasst und adaptiert aus Ingrid Pernkopf
und Renate Wagner-Wittula – Kipferl & Busserl
Österreichische Weihnachtsbäckerei, Pichler Verlag

Druck und Bindung: Holzhausen – Gerin
Printed in Austria
7 6 5 4 3 2 1

201920019
PRINTED IN
AUSTRIA